하루1번
목표를
말하는 습관

하루 1번
목표를
말하는 습관

김효성 지음

동양북스

내가 하는 말에
가장 많이 영향받는 것은,
바로 나 자신이다.

차례

3장
명사들의 5가지 성공 기법

4장
그들의 성공은 우연인가, 필연인가

나는 나의 미래를 선택할 수 있다

**목표 목록이 있는 사람과
없는 사람의 차이**

열심히 일하며 살고 있는 한
청년이 있었습니다. 그는 성공을 원했고 그러기 위해
서는 누구보다 열심히 일해야 한다는 것을 잘 알고 있
었습니다. 분명 그렇게만 하면 성공은 보장된 것이라
확신했던 거죠. 그러나 6년 동안 아무리 열심히 일해도
생활이 나아지기는커녕 점점 열악해지기만 했습니다.
책상 위에는 청구서만 잔뜩 쌓여갔습니다. 그때 그는
깨달았습니다. 노력이 전부가 아니라고. 달라져야 한

다고. 그렇게 해야만 이 열악한 환경에서도 벗어날 수 있다고.

하지만 문제는 따로 있었습니다. 분명 깨닫긴 했지만 어떻게 해야 이 열악한 환경에서 벗어날 수 있는지, 그 방법을 몰랐기 때문입니다. 점점 두려움에 지쳐가고 있을 때쯤 청년은 얼 쇼어프라는 성공한 사업가에게 용기 내어 다가가 멘토가 되어주길 간곡히 부탁했습니다. 청년의 진심을 느낀 쇼어프는 흔쾌히 승낙해주었습니다. 그리고 얼마 후 쇼어프가 청년에게 이렇게 물었습니다.

"자네를 도와주려면 일단 자네 목표 목록부터 한번 살펴보세."

청년은 당황스러워하며 말했습니다.

"지금은 목표 목록이 없는데요."

"지금 가지고 있지 않은가?"

"네. 저는 아직 목표 목록이 없습니다."

쇼어프는 청년을 바라보며 힘들게 사는 이유를 이제야 알겠다는 듯 말했습니다.

"자네에게 목표 목록이 없다면 자네 계좌에는 잔액

이 몇 백 달러밖에 없겠군."

청년은 깜짝 놀라 그에게 물었습니다.

"저에게 목표 목록이 생기면 제 계좌 잔액이 바뀐다는 말씀이세요?"

쇼어프는 담담하면서도 확신에 찬 목소리로 말했습니다.

"물론이지. 그것도 엄청나게 바뀔 거야."

그 이후 청년은 쇼어프에게 배운 것을 자신의 인생에 적용한 뒤 놀라운 성공을 거두게 됩니다. 실제로 엄청난 돈을 벌었기 때문입니다. 이 청년의 이름은 짐 론입니다. 짐 론은 미국 역사상 가장 영향력 있는 명사 중한 명으로 꼽힐 만큼 전 세계적인 성공 멘토가 되었습니다. 실제로 변화 심리학계의 세계 최고 권위자인 앤서니 라빈스는 짐 론을 자신의 영적 스승이라 칭송했고, 마크 빅터 한센, 톰 홉킨스, 레스 브라운에 이르기까지 세계적인 명사들에게 지대한 영향을 준 인물이되었습니다.

나 성공하는 것이 아니냐고 의심하기 때문입니
음이 사라져버린 거죠. 하지만 이런 마음가짐과
당신을 언제나 제자리에 머물도록 만듭니다.
말에 의심이 간다면 지금 당장 미래를 위해 적
당신만의 목표 목록이 있는지 확인해보십시오.
었다면 당신은 지금 현재의 삶이 그다지 만족스
않을 것입니다. 언제나 감정적으로만 부자가 되
고, 성공하고 싶다고 울부짖고 있을지도 모릅
들 그랬듯이 말이죠. 그러니 지금부터는 현실을
야 합니다.

에게는 선택할 수 있는 미래가 딱 두 가지 있습
꿈을 이뤄 가족들이 당신을 존경하는 눈빛으로
는, 생각만 해도 흐뭇한 미래. 또 한 가지는, 꿈
루고 성공한 사람들을 보면서 그들에게 성공 비
배우기보다는 "쳇, 저 인간은 운도 좋아!"라고 투
며 발전 없이 사는 미래. 오로지 이 두 가지 중
지만을 선택할 수 있습니다.

이라면 어떤 쪽을 택하시겠습니까? 무엇을 선
당신 마음에 달려 있습니다. 후자를 택한다면

나는 100만 달러 매출을 올릴 것이다!

대학을 그만두고 뛰쳐나온 폴 마이어는 열아홉 살이 되었을 때 한 보험회사에 입사했습니다. 그는 자신의 뜻을 이루고 성공하겠다는 결심으로 회사 책상 위에 이렇게 써 붙였습니다.

'나는 100만 달러 매출을 올릴 것이다!'

그 모습을 본 동료들은 폴 마이어의 책상 앞을 지날 때마다 어이없다는 표정으로 비웃으면서 지나치곤 했습니다. 그럴 만도 합니다. 한번 상상해보십시오. 월 10만 원 정도의 수입을 내며 간신히 버티고 있는 말단 영업 사원의 책상 앞에 떡하니 10억 원의 매출을 올리겠다는 문구가 적혀 있는 상황을.

실제로 그 당시 그는 월 평균 87달러 정도의 수입으로 근근이 살아가는 중이었으니 딱 굶어 죽지 않을 정도의 열악한 상황이었습니다.

그런데도 책상 앞에 붙여놓은 '나는 100만 달러 매출을 올릴 것이다!'라는 목표를 떼어버리지 않았습니다. 그 이후 폴 마이어는 어떻게 되었을까요?

'나는 100만 달러 매출을 올릴 것이다!'라는 종이를 떼어내고, 그 자리에 다시 '나는 400만 달러 매출을 올릴 것이다!'라는 종이를 붙여두었습니다. 이미 목표로 삼았던 100만 달러를 훨씬 뛰어넘어 달성했기 때문입니다. 그 이후에는 자신의 성공법을 여러 사람들에게 전파하기 위해 동기부여 회사 SMI를 설립했고, 수없이 많은 사람들이 그의 성공법을 듣기 위해 모여들면서 폴 마이어는 천만장자가 되고, 이어 억만장자가 되었습니다.

그가 사람들에게 알려준 성공법은 어퍼메이션 기법, 즉 이루고 싶은 목표를 미리 청사진으로 만들어 눈에 띄는 곳에 붙여두도록 하는 것이었습니다.[1]

어른은 어린 시절의 꿈을 실현하기 위해 살아간다

2011년, 그러니까 지금으로부터 6년 전이었습니다. 지독히도 가난했던 삶에서 벗어나고 싶었고 성공을 열망했던 저는 성공학 대가들의 자료를 지독하게 긁어모으기 시작했습니다. 그리고 결국 성공 비법을 깨닫게 되면서 가슴 떨리고 놀라운 일

들을 직접 경험할 수 있었습니...
료를 정리했던 지난 1년이 넘...
시 한 번 더욱 뜨거워졌기에 ...
놀라운 경험을 소개해드리고자 ...

'어른은 어린 시절의 꿈을 실...
는 말이 있습니다.

여러분이 가지고 있는 꿈과 ...
지금 이 순간 이루어야 한다는 ...
나 여기에는 전제 조건이 있습...
성을 회복해야 한다는 것입니...
린 날의 순수성 말입니다. 지금...
이 즐거운 마음과 믿음으로 무...
필요하며 그 어떤 것도 필요하...
법을 터득하기 위해 우주의 기...
습니다.

많은 사람들은 막연하게 꿈을 ...
면서도 목표 목록을 적지 않습...
떠보지도 않습니다. 이것이 너...
라고 생각하거나 만약 그런 방...

이 책을 지금 당장 덮으셔도 상관없습니다. 그러나 당신이 진심으로 꿈을 이루고, 목표를 성취하고 싶다면 다음 장으로 넘어가십시오. 제가 그 꿈을 이루고 목표를 성취할 수 있도록 도와드리겠습니다. 의심을 지우고 당신의 찬란한 미래만을 생각하십시오.

당신의 미래는 오로지 당신이 선택하는 것입니다.

김효성이 제안하는 목표 달성법

(목표를) 정한다.

↓

(목표를) 적는다.

↓

(목표를) 말한다.

QI. 단지 정하고, 적고, 말하면 이루어진다니 어떻게
   그런 일이 가능하죠?

QI-I. 왜 애초에 그 일이 가능하다는 생각 자체를
     안 하는 거죠?

1년 안, 3년 안, 5년 안에 이루고 싶은 목표를 종이에 적습니다.

단, 가장 중요한 것을 1년 안 목표로 삼되 현실적인 것이어야 합니다.

예) 1년 안에 10억 모으기(×)

1년 안에 인기 블로거 되기(○)

1년 목표를 달성하기 위해 1개월, 3개월, 6개월 동안
실행해야 할 구체적인 행동 리스트를 적습니다.
6개월이 끝나는 시점이 되면 또다시 1개월, 3개월,
6개월의 행동 리스트를 작성합니다. 리스트가 완성되면
1개월 안에 실행해야 하는 리스트만 따로 적어둡니다.
그리고 바로 그 리스트를 하루 중 가장 오래 머무는
장소의 이곳저곳에 붙입니다.
또한 명함 사이즈로 잘라
코팅을 한 뒤 지갑에 넣고
다닙니다.

예)

» 월요일부터 금요일까지 책 한 권을 다 읽는다.

» 토요일, 일요일 이틀 동안 그 책에 대한 리뷰를 블로그에 올린다.

» 목표를 달성하기 위해 업무상 꼭 참석해야 하는 모임이
아니라면 음하지 않는다.

» 버스 안, 전철 안에서 보내는 자투리 시간을 최대한 활용한다.

» 그래도 시간이 부족할 때는 점심시간에 '혼밥'을 하며
책을 읽는다.

면 아무나 성공하는 것이 아니냐고 의심하기 때문입니다. 믿음이 사라져버린 거죠. 하지만 이런 마음가짐과 행동은 당신을 언제나 제자리에 머물도록 만듭니다. 만약 제 말에 의심이 간다면 지금 당장 미래를 위해 적어놓은 당신만의 목표 목록이 있는지 확인해보십시오. 만약 없다면 당신은 지금 현재의 삶이 그다지 만족스럽지 않을 것입니다. 언제나 감정적으로만 부자가 되고 싶다고, 성공하고 싶다고 울부짖고 있을지도 모릅니다. 늘 그랬듯이 말이죠. 그러니 지금부터는 현실을 직시해야 합니다.

당신에게는 선택할 수 있는 미래가 딱 두 가지 있습니다. 꿈을 이뤄 가족들이 당신을 존경하는 눈빛으로 바라보는, 생각만 해도 흐뭇한 미래. 또 한 가지는, 꿈을 이루고 성공한 사람들을 보면서 그들에게 성공 비법을 배우기보다는 "쳇, 저 인간은 운도 좋아!"라고 투덜거리며 발전 없이 사는 미래. 오로지 이 두 가지 중 한 가지만을 선택할 수 있습니다.

당신이라면 어떤 쪽을 택하시겠습니까? 무엇을 선택하든 당신 마음에 달려 있습니다. 후자를 택한다면

들을 직접 경험할 수 있었습니다. 이 책을 쓰기 위해 자료를 정리했던 지난 1년이 넘는 시간 동안 저 또한 다시 한 번 더욱 뜨거워졌기에 지금부터 당신에게도 이 놀라운 경험을 소개해드리고자 합니다.

'어른은 어린 시절의 꿈을 실현하기 위해 살아간다'는 말이 있습니다.

여러분이 가지고 있는 꿈과 목표를 어른이 된 바로 지금 이 순간 이루어야 한다는 뜻이기도 합니다. 그러나 여기에는 전제 조건이 있습니다. 바로 당신의 순수성을 회복해야 한다는 것입니다. 지금은 잃어버린 어린 날의 순수성 말입니다. 지금부터는 어린아이와 같이 즐거운 마음과 믿음으로 무장된 당신의 순수성만이 필요하며 그 어떤 것도 필요하지 않습니다. 이 성공 비법을 터득하기 위해 우주의 기운을 끌어올 필요도 없습니다.

많은 사람들은 막연하게 꿈을 이루고 싶다고 생각하면서도 목표 목록을 적지 않습니다. 아니, 사실은 거들떠보지도 않습니다. 이것이 너무 단순한 행동일 뿐이라고 생각하거나 만약 그런 방법으로 성공할 수 있다

떼어내고, 그 자리에 다시 '나는 400만 달러 매출을 올릴 것이다!'라는 종이를 붙여두었습니다. 이미 목표로 삼았던 100만 달러를 훨씬 뛰어넘어 달성했기 때문입니다. 그 이후에는 자신의 성공법을 여러 사람들에게 전파하기 위해 동기부여 회사 SMI를 설립했고, 수없이 많은 사람들이 그의 성공법을 듣기 위해 모여들면서 폴 마이어는 천만장자가 되고, 이어 억만장자가 되었습니다.

그가 사람들에게 알려준 성공법은 어퍼메이션 기법, 즉 이루고 싶은 목표를 미리 청사진으로 만들어 눈에 띄는 곳에 붙여두도록 하는 것이었습니다.[1]

어른은 어린 시절의 꿈을
실현하기 위해 살아간다   2011년, 그러니까 지금으로부터 6년 전이었습니다. 지독히도 가난했던 삶에서 벗어나고 싶었고 성공을 열망했던 저는 성공학 대가들의 자료를 지독하게 긁어모으기 시작했습니다. 그리고 결국 성공 비법을 깨닫게 되면서 가슴 떨리고 놀라운 일

하루 1번 목표를 말하는 습관

나는 100만 달러 매출을 올릴 것이다!

대학을 그만두고 뛰쳐나온 폴 마이어는 열아홉 살이 되었을 때 한 보험회사에 입사했습니다. 그는 자신의 뜻을 이루고 성공하겠다는 결심으로 회사 책상 위에 이렇게 써 붙였습니다.

'나는 100만 달러 매출을 올릴 것이다!'

그 모습을 본 동료들은 폴 마이어의 책상 앞을 지날 때마다 어이없다는 표정으로 비웃으면서 지나치곤 했습니다. 그럴 만도 합니다. 한번 상상해보십시오. 월 10만 원 정도의 수입을 내며 간신히 버티고 있는 말단 영업 사원의 책상 앞에 떡하니 10억 원의 매출을 올리겠다는 문구가 적혀 있는 상황을.

실제로 그 당시 그는 월 평균 87달러 정도의 수입으로 근근이 살아가는 중이었으니 딱 굶어 죽지 않을 정도의 열악한 상황이었습니다.

그런데도 책상 앞에 붙여놓은 '나는 100만 달러 매출을 올릴 것이다!'라는 목표를 떼어버리지 않았습니다. 그 이후 폴 마이어는 어떻게 되었을까요?

'나는 100만 달러 매출을 올릴 것이다!'라는 종이를

3단계

휴대폰 안에 1개월 행동 리스트를 목표 사진과 함께 올립니다.

4단계

매일 아침 일어나자마자
1년 목표를 소리 내어 발음합니다.
그리고 출근 시간에 버스나 지하철 안에서 한 번,
점심시간에 음식이 나오기를 기다리면서 한 번,
퇴근 시간에 버스나 지하철 안에서 한 번,
각각 세 번 자투리 시간을 이용해서
1개월 행동 리스트를 직접 눈으로 확인합니다.

1장

당신의 성공은 이미 정해진 것이다

당신이 할 수 있다고 생각하든
할 수 없다고 생각하든,
당신의 생각은 옳다.

_헨리 포드

나는 왜 성공할 수밖에 없는가

**그 남자가 잘나가는 데는
다 이유가 있다**

당신이 세일즈맨이라고 가정해봅시다. 당신과 모든 것이 동일한 조건에서 세일즈를 하는 동료가 있습니다. 그런데 참 희한하게도 그 동료는 당신보다 10배, 많게는 100배가량 더 많은 매출을 올리며 승승장구하고 있습니다. 회사에서는 그를 영웅처럼 떠받들고, 동료들은 그를 마치 신처럼 따르고 있습니다. 성공하고 싶은 열망만큼은 누구보다 강한 당신은 그에게 슬쩍 다가가 이렇게 묻습니다.

"아니, 도대체 어떻게 하면 당신처럼 성공할 수 있습니까?"

그러자 그는 온화한 미소로 대답합니다.

"종이 위에 목표를 쓰고 실천하면 됩니다."

당신은 표정 관리가 안 된 상태에서 자리로 돌아와 어이없어하며 이렇게 중얼거립니다.

"성공 비법을 순진하게 알려줄 리 없다고는 생각했지만 목표를 종이에 써보라니? 나 원 참 기가 막혀서!"

당신은 동료의 조언을 무시한 채 무언가 획기적이고 그럴듯한 성공 비법을 다시 찾기 시작합니다. 물론 이런 반응은 당신뿐만이 아닙니다. 제 주변 지인들은 물론이고, 부끄럽지만 저 역시 그랬던 적이 있었기 때문입니다. 하지만 그렇지 않은 사람들도 있습니다. 그중한 사람이 바로 수억 원의 강연료를 받으며 세계 최고의 경영 컨설턴트라는 명예를 얻은 브라이언 트레이시입니다.

그러나 과거의 브라이언 트레이시는 암울한 인생의 표본 같은 삶을 사는 청년이었습니다. 그는 고등학교조차 졸업하지 못했고, 수없이 많은 막노동을 전전했습니다. 주유소에서 일하는 도중 주유도 제대로 못한다며 쫓겨나기도 했습니다. 최하층의 빈민 생활을 하던 그는 어렵게 세일즈 회사에 들어가게 되었습니다. 물론, 그곳에서도 실적이 저조하면 쫓겨날 게 뻔했기 때문에 그는 자신보다 실적이 월등히 높은 동료에게 가서 성공 비법을 물었습니다. 그리고 성공한 사람이 시키는 대로 배웠습니다.

그는 그렇게 진심을 다해 배우고, 배운 것을 증명하기 위해 동료가 알려준 방법을 실천하기 시작했습니다. 그러자 신기하게도 점점 상황이 변하기 시작했습니다. 시간이 지나면서 조언을 해주던 동료보다 브라이언 트레이시가 훨씬 더 많은 실적을 올리게 되었기 때문입니다. 회사 내에 다른 동료들이 성공 비법을 알려달라고 부탁할 정도로 브라이언 트레이시의 위상은 점점 높아졌습니다. 브라이언 트레이시는 동료들에게 자신의 다섯 가지 성공 법칙을 매일 실천해보라고 조언했는데 그것은 다음과 같았습니다.

1. '나는 반드시 성공할 사람'이라고 자연스럽게 생각한다.

2. 어떤 방식으로 자신만의 분야에서 성공이란 근거를 증명할 것인지 구체적으로 생각한다.

3. 그 모든 것을 종이에 옮겨 적는다.

4. 먼저 해야 할 순위를 정한 뒤 노력을 바탕으로 실천한다.

5. 매일 계획한 리스트대로 실천하고 하루를 마무리한다.

브라이언 트레이시의 방법을 따라 했던 다른 동료들은 과연 어떻게 되었을까요? 놀랍게도 훗날 그들은 모두 백만장자가 되었습니다. 수많은 사람들은 브라이언 트레이시에게 성공 방법을 물었고, 그는 이렇게 답했습니다.

'성공에는 행운이나 기회, 우연의 결과는 없습니다. 성공에는 법칙이 따로 있다는 것을 알아야 합니다.'[2]

만약 지금까지 당신이 누군가를 부러워만 했던 사람이라면, 지금부터는 누군가가 당신을 부러워할 수 있도록 브라이언 트레이시가 설명한 성공 법칙을 실천해 보세요. 그렇게 한다면 반드시 성공이라는 결과가 당신 눈앞에 나타날 것입니다.

미래의 나에게
보내는 편지

1970년 1월 9일, 우체국에 접수된 편지 한 통에는 이렇게 적혀 있었습니다.

'당신은 늦어도 1980년에는 미국에서 가장 유명한 아시아 스타가 될 것이며, 1000만 달러를 거머쥐게 될 것이다. 그리고 그것을 얻는 대가로 카메라 앞에 서는 순간마다 당신이 보여줄 수 있는 모든 것을 보여줄 것이며 그렇게 함으로써 평화와 조화 속에서 살게 될 것이다.'[3]

그런데 이게 어찌 된 영문인지 이 편지의 내용과 똑같이 전 세계에서 가장 유명한 아시아 스타가 탄생함은 물론이고, 편지 내용처럼 1000만 달러의 출연료를 받게 된 사람이 있습니다. 그의 이름은 액션 영화의 전설 이소룡이었습니다.

도대체 누가 이렇게 1000만 달러라는 구체적인 금액까지 정확하게 예측할 수 있었던 걸까요? 놀랍게도 이 편지를 쓴 주인공은 바로 이소룡 본인이었습니다. 그렇다면 그는 왜 굳이 편지까지 써가며 자신의 먼 미래를 내다봤을까요? 그는 실제로 누구보다 크게 성공하는 자신의 모습을 상상했습니다. 그리고 그 모습을 실현하기 위해 자신이 뭘 해야 할지 궁리하기 시작했습니다. 자신이 슈퍼스타가 되고, 1000만 달러라는 큰 금액을 받을 수 있으려면 어떤 사람이 되어야 하는지를 궁리한 것이죠. 궁리 끝에 그는 자신이 현실적으로 해야 할 일들, 할 수 있는 일들을 파악해서 적어나가기 시작했습니다. 한마디로 성공하려고 마음먹으면 10년 후 미래 목표를 구체적으로 종이에 적고, 그것을 이루기 위해서는 반드시 실천을 통해 증명해야 한다는 것을 너무나 당연하게 생각한 사람이었던 겁니다. 그렇지 않고서야 자신의 미래를 예언한 편지를 번거롭게 우편으로 보낼 이유는 없었을 겁니다.

그는 성공한 사람들이 자신의 미래 목표를 구체적으로 계획해서 종이에 적고, 그것을 이루기 위해 매일매일 실천한다는 것을 알았습니다. 부정적인 생각이 조금이라도 들면 또 다른 종이에 부정적인 생각을 모두 적어 구기고 난 뒤 불에 태워버렸다는 일화를 보면 그가 목표 목록을 대하는 마음가짐이 얼마나 간절했는지 알 수 있습니다. 그는 종이 위에 자신의 목표를 적는 것

하루 1번 목표를 말하는 습관

만이 꿈을 이루는 방법이라는 것을 100퍼센트 확신한 인물 중 한 사람입니다. 저는 이소룡이 그만큼 순수한 사람이었을 거라고 생각합니다. 그러했기 때문에 액션 영화계의 전설로 남을 수 있었다고, 저는 믿고 있습니다. 그러니 당신도 당장 목표 목록을 적어보십시오. 당신 역시 먼 미래에 원하는 삶을 살게 될 거라고 진심으로 믿는다면, 그 진심을 담아 종이에 적는다면, 분명하고도 정확하게 당신이 원하는 삶을 살게 될 테니 말입니다.

목표를 적지 않고
성공한 사람이 있을까?

브라이언 트레이시는 자신의 성공 비법을 다른 이들에게 전파하기 위해 많은 노력을 했습니다. 자신의 방법으로 수많은 이들이 백만장자가 되는 것을 똑똑히 지켜봤기 때문입니다. 그런 과정에서 그는 수십 권의 책을 펴냈고, 수많은 나라를 다니며 강연을 했습니다. 그리고 그 수많은 나라 중에 한국도 포함되어 있었습니다. 2003년, 브라이언 트레이시의 강연을 들었던 우리나라 사람들은 그가 말했던 성공 비법에 대해 처음에는 열광하기 시작했습니다. '나도 부자가 될 수 있겠구나!' 하는 희망이 생겨났기 때문입니다. 하지만 시간이 지나면서 한두 번 시도해 보다 그만두는 사람들이 늘어났습니다. 그렇게 꿈 종이를 갖고 있는 사람들의 숫자는 현저히 줄어들기 시작했고, 지금은 찾아보기조차 힘들게 되었습니다. 이렇게 된 가장 큰 이유는 목표를 종이에 적기만 하면 바로 꿈같은 결과가 아주 빠른 시간 안에 나올 거라 생각했기 때문입니다.

저는 성공학 강의를 듣기 위해 많은 곳을 다녀봤기 때문에 이러한 현실을 누구보다 잘 알고 있습니다. 성공학 강의를 듣고 난 이후로 저는 조용히 제 주변 사람들을 관찰하기 시작했습니다. 그러나 관찰 결과는 조금 씁쓸했습니다. 꿈을 이루고 싶다고, 성공하고 싶다고, 많은 돈을 벌고 싶다고 말하는 대부분의 사람들 중에 자신만의 목표를 적어 수시로 확인하면서 계획대로 실천하는 사람을 찾아보기 힘들었기 때문입니다. 아니, 솔직하게 말하자면 단 한 명도 보지 못했습니다.

그러나 열정적으로 강의를 듣고, 책을 읽고, 항상 더 나은 삶을 살기 위해 자기 자신을 계발하는 사람들은 자신만의 목표를 종이에 적는 데 전혀 망설임이 없었습니다. 좀 더 사실적으로 표현하자면 그렇게 하지 않고 성공하겠다는 사람들을 이상한 눈으로 쳐다볼 정도였습니다.

신경 언어 프로그래밍을 활용하라

성공하는 이들은 하나같이 성공할 수밖에 없는 이유를 찾고 그 이유를 반드시 지킵니다. 다시 말해 그들은 성공할 수 있는 근거를 반드시 증명해낸다는 거죠.

혹시 당신 주위에 성공한 사람이 있습니까? 당신이 생각하는 이상적인 삶을 사는 사람 말입니다. 그가 만약 유명 인사라면 당신은 그에 대한 자료 정도는 찾아봤을 겁니다. 만약 운 좋게 성공한 사람이 주변에 있다면 그 사람의 모든 것을 유심히 지켜봤겠죠. 혹시 그 관심이 얼마나 지속되었나요? 그 사람의 스타일, 책, 기사, 강연, 행동, 말투 등 그를 조금이라도 닮아가기 위해 매일같이 노력하고 실천한 세월 말입니다. 그중에 한 가지라도 1년 이상 꾸준히 관찰하며 노력한 세월이 있었습니까?

여기 성공한 사람들의 성공 비결을 체계화하기 위해 14년간 1만 6000명을 조사한 사람이 있습니다. 이후 보완 작업 6년을 걸쳐 총 20년 만에 세상에 결과물을 내놓았습니다. 바로 이 사람이 인류 역사상 세계 최고의 부자로 꼽히던 앤드류 카네기의 요청으로 당대 최고의 성공자들을 조사한 나폴레온 힐입니다.

나폴레온 힐은 오랜 시간에 걸쳐 성공자와 실패자들을 만나가며 조사한 결과 놀라운 사실을 발견했습니다. 전 세계에서 공통적으로 성공자와 실패자가 각각 5퍼센트와 95퍼센트의 비율로 되어 있다는 사실이었습니다. 또 그 와중에 가장 놀라운 사실은 따로 있었습니다. 실패자로 분류된 95퍼센트 사람들은 '인생의 명확한 목표'가 없다고 밝혀졌기 때문입니다. 이와 반대로 성공자라고 분류된 5퍼센트 사람들은 목표가 명확했을 뿐 아니라 목표를 달성하기 위한 구체적인 계획이 있었다고 그는 말했습니다.

그렇다면 성공한 사람들이 목표를 달성하기 위해 세운 구체적인 계획이란 대체 무엇일까요? 자기계발 이론에서 최고의 효과를 발휘한다는 신경 언어 프로그래밍Neuro-Linguistic Programming은 리처드 밴들러와 존 그린더가 개발했습니다. 이들이 말하고 있는 신경 언어 프로그래밍, 즉 NLP 이론은 단순합니다. 바로 성공한 사람의 행동을 따라 하라는 것입니다. 그러면 반드시 성공한다는 거죠.

브라이언 트레이시는 세계 각국을 다니면서 강연을 할 때 입버릇처럼 하는 말이 있었습니다. 바로 '성공하고 싶다면 성공한 사람의 행동을 모방하라'입니다. 왜냐하면 실제로 본인도 그렇게 해서 성공했기 때문입니다. 이것은 브라이언 트레이시만의 주장이 아닙니다. 세계 최고의 변화 심리학 권위자인 앤서니 라빈스 역시 생활고에 시달리며 쥐가 나오는 집에서 살아야 했던 처지였습니다. 그러나 NLP 이론을 알게 된 이후부터 그의 인생은 마치 영화처럼 뒤바뀌게 되었습니다.

이들 모두가 주장하는 공통적인 성공 요소는 한 가

지입니다. 그것은 바로 성공하기 위해서는 반드시 목
표를 종이 위에 적으라는 것입니다. 이 성공법은 오래
전 나폴레온 힐이 만난 수많은 성공자들이 이미 실천
하고 있었고, 아주 오래전부터 내려오던 성공 비법이
었던 것입니다.

지옥에서 천국까지 걸어 올라간 그들의 이야기

벼랑 끝에 선 남자들

여기 완전한 무기력감에 휩싸인 한 가장이 있습니다. 그는 너무나 초조하고 두려운 나머지 잠시도 가만히 있지 못하고 방 안을 서성거리고 있습니다. 그 이유는 자신만 바라보는 아내와 아이들이 있지만 아무것도 해줄 수 없는 완벽한 빈털터리 신세가 되었기 때문입니다. 갚아야 할 빚은 태산 같고, 당장 이번 달 공과금조차 납부할 수 없어 전기는 끊긴 상태. 가장으로서의 권위는 완전히 땅으로 떨어졌고, 빚 때문에 돈 얘기만 나오면 부부 싸움으로 하루가 끝나기 일쑤였습니다. 우여곡절 끝에 그는 자신의 상황을 직시하기로 마음먹었습니다. 더 이상 누군가를 원망할 수는 없는 노릇이었기 때문이죠. 그는 파산한 상황에 대해 그 누구도 원망하지 않고 오로지 자기 자신이 책임지기로 결심했습니다. 그러고 나서는 종이 위에 자신의 목표를 적기 시작했는데 그 방법은 매우 단순했습니다. 그저 구체적으로 우선순위 행동 목록을 적고 그대로 실천하는 일이었던 겁니다.

과연 이 남자는 어떻게 되었을까요? 그는 미국 최고의 금융 전문가가 되었고, 파이낸셜 피스 대학을 창설했으며 펴내는 책들은 베스트셀러가 되어 엄청난 돈을 벌게 되었습니다. 지금도 끊임없이 다른 사람들에게 자신의 성공 비법을 전파하고 있는 그의 이름은 데이브 램지. 현재는 램지 덕분에 재정난을 딛고 재기에 성공한 많은 사람들이 그의 이야기를 전파하고 있습니다. 램지는 목표를 종이에 적는 것에 대해 이렇게 설명했습니다.

'어떤 분야건 성공한 사람들은 분명 종이 위에 쓴 목

하루 1번 목표를 말하는 습관

표가 있는 사람들이다.'⁴

또 가족과 함께 새 직장 근처로 이사 온 한 남성이 있었습니다. 그의 이름은 루 홀츠. 하지만 그의 앞길은 암담하기만 했습니다. 풋볼 팀 보조 코치로 일하던 중 한 달도 못 되어 해고되었기 때문입니다. 그 당시 그의 아내는 세 번째 아이를 임신한 상태였고, 그의 주머니에는 단돈 1달러도 없었습니다.

홀츠는 절망에 빠졌습니다. 가슴이 죄여오는 듯한 절망과 분노, 좌절과 막막함은 그를 더욱더 힘들게 만들었죠. 그 모습을 보고 있던 아내는 남편에게 책 한 권을 선물했습니다. 그 책의 제목은 『크게 생각할수록 크게 이룬다 The Magic of Thinking Big』였습니다. 홀츠는 아내의 마음이 고마워 막연한 심정으로 책을 읽기 시작했습니다. 그러다 한 문장에 눈길이 멈췄습니다. 그 문장을 읽는 순간 심장이 두근거렸기 때문입니다. 그것은 바로 이 문장입니다.

'성취하고 싶은 것을 목록으로 작성하라.'

홀츠는 그 즉시 식탁에 앉아 목표를 조심스럽게 적어나가기 시작했습니다. 만약 아내가 본다면 좀 민망

할 것 같은, 스스로 생각해봐도 전혀 현실성이 없는 목표들이었습니다. 그중에는 스카이다이빙에 도전하기, 올해의 코치로 선발되기, 백악관 만찬에 초대받기, 〈더 투나잇 쇼〉에 출연하기 등이 있었는데 적다 보니 그 목록은 순식간에 108가지가 되었습니다. 물론 스물여덟 살 빈털터리 백수에게는 불가능해 보이는 목록들뿐이었죠. 하지만 홀츠는 가슴이 따뜻해지는 걸 느꼈습니다. 왠지 이루어질 것 같다는 가슴 따뜻한 희망을 말이죠. 그래서일까요? 시간이 지나면서 놀라운 일들이 일어나기 시작했습니다. 종이에 적었던 목표 목록대로 스카이다이빙은 물론이고, 약체였던 팀을 최우수 팀으로 성장시킨 능력을 인정받아 올해의 코치로 선발되었으며 백악관에서 로널드 레이건 대통령과 사진을 찍었고, 〈더 투나잇 쇼〉에 출연해 자니 카슨과 대화를 나누었기 때문입니다. 홀츠는 놀랍게도 108가지 목표 중에서 104가지를 달성했습니다. 그는 목표 달성을 소망하는 사람들에게 이렇게 말했습니다.

'여러분도 한번 해보세요. 목표를 종이 위에 적으면 그때부터 매 순간 최선을 다하게 될 것이며, 잠자는 시

하루 1번 목표를 말하는 습관

간조차 아까워질 겁니다!'

앞선 사례들을 보면 "나는 꿈을 이
뤘노라!"라고 말할 수 있는 사람들의 공통점을 발견할
수 있습니다. 그들은 하나같이 믿음이 엄청나게 강한
사람들입니다. 혹은 어릴 적 순수함을 잃지 않은, 마치
이 세상에는 어울리지 않는 맑은 유리구슬 같은 사람
들이라 할 수 있죠. 그게 아니라면 어떻게 그렇게 불가
능해 보이는 꿈을 꾸고, 또 불가능을 가능으로 만들기
위해 혼신의 힘을 다할 수 있었겠습니까?

그렇다면 당신은 어떤 사람입니까? '나는 성공할 수
있다'고 믿는 사람? 순수함을 잃지 않고 오래전 당신이
꿈꾸던 것들을 기억하고 있는 사람?

애석하게도 당신은 성인이 되어가는 과정에서 순수
함을 유지하기 어려웠을 겁니다. 한 조사 기관에 따르
면 어린아이들은 96퍼센트가 높은 자아 존중감을 갖고
있다고 합니다. 쉽게 말해서 아이들은 과학자, 대통령,

우주 비행사 등 원하기만 하면 무엇이든 될 수 있다고 믿는 거죠. 하지만 열여덟 살이 되면 그 비율은 5퍼센트 이하로 떨어진다고 합니다.[5] 어찌 보면 인간이 태어날 때부터 갖고 있는 순수함이라는 단 하나의 보물을 주변 환경이 빼앗아가는 것과 마찬가지인 것이죠.

1940년대에 있었던 일입니다. 꿈 많고 호기심이 왕성한, 그야말로 생각한 대로 뭐든지 할 수 있다고 생각하는 순수한 소년이 있었습니다. 마침 소년은 할머니와 숙모, 두 분과 같이 있었는데 두 분의 대화는 순수함을 잃은 그야말로 평범한 어른들의 대화였습니다. 두 분의 대화는 늘 이런 식이었습니다.

"그때 그렇게 했었어야 했는데 참 아쉽다."

"그때 그걸 배웠더라면 정말 좋았을 텐데 말이야."

"그때는 왜 그곳에 못 갔을까?"

소년은 후회로 가득한 대화를 들으면서 자신은 후회하는 인생을 살지 않겠다고 생각했습니다. 그러고는 식탁 위에 종이 한 장을 꺼내 맨 위에 '나의 인생 목표'라고 적었습니다. 할머니와 숙모가 말한 것처럼 했어야 했고, 배우고 싶고, 가고 싶은 곳을 나눠 총 127가지 목표 목록을 만들었습니다. 소년은 이 목표 목록을 항상 가지고 다녔습니다. 그리고 시간이 날 때마다 종이를 꺼내 자신이 목표를 달성한 순간을 상상하고 즐겼습니다. 마치 보물섬을 찾아 떠나는 동화 속 주인공이 된 것처럼.

1972년 미국의 〈라이프〉지가 '꿈을 성취한 미국인'이라는 기사 제목으로 사상 초유의 판매 부수를 기록합니다. 그 주인공은 바로 127가지 목표 목록을 마치 보물 지도처럼 매일 보며 상상했던 소년, 존 고다드였습니다.

당시 그는 이미 목표 중에 100여 개 이상을 달성한 상태였습니다. 그는 자신이 작성한 목록대로 의사, 인류학자, 영화 제작자, 탐험가, 우주 비행사 등이 되었습니다. 그리고 그의 마지막 목표인 '21세기 살아보기'를 달성하면서 2013년, 많은 이들에게 꿈을 향한 눈부신 열정의 힘을 유산으로 남기고 찬란했던 생을 마감했습니다.

**성공은 절대 공짜가
아니다**

얼마 전 일본 NHK팀이 취재한 노후파산이란 약간 무거운 주제의 내용이 책으로 출간된 적이 있었습니다. 노후 정책이 다른 어떤 나라보다 잘되어 있다고 알려진 일본에서 점차 중년들의 파산이 늘어나고 있다는 내용이었습니다. 하지만 그들 역시 20, 30대는 누구보다 성실하고 열심히 사회생활을 했던 사람들이었습니다. 물론 당신도 그들 못지않게 지금까지 성실하게 살아왔을 겁니다. 그러나 성실하게만 산다면 당신 역시 노후를 걱정해야 하는 상황이 다가온다는 것을 이제는 알아야 합니다.

실제로 정규직은 고사하고 임시직으로도 취직하기가 어려운 현 시점에서 우리나라 자영업자의 수가 600만 명을 육박하는 기현상이 벌어지고 있습니다. 매년 90만 명이 창업을 하고 80만 명이 폐업을 하고 있으며 그나마 본전도 못 건지고 현상 유지만 하고 있는 자영업자의 수는 헤아릴 수 없이 많다는 보고서가 있습니다. 경제·미래학자들은 '10년 안에 우리가 사용하던 전반적인 것들이 없어지거나 불필요해지면서 경제

하루 1번 목표를 말하는 습관

의 판도가 바뀔 것'이라 예측하고 있습니다. 우리는 모두 '어?' 하는 순간에 세상이 바뀔 정도로 괴리감이 드는 상황에 처해 있는 거죠. 그러므로 당신이 현재 느끼는 막막함과 두려움은 인간이라면 당연히 느낄 수밖에 없는 것입니다.

하지만 분명한 건 두려워서 움츠러든 당신의 모습을 측은하게 바라보며 누군가가 성공의 기회를 공짜로 가져다주는 일은 절대로 없다는 사실입니다. 그러니 성공의 기회를 가만히 기다리고 있을 이유가 없습니다. 그럴 시간에 밑바닥에서 일어나 자수성가한 이들의 행동을 관찰하고 조사해보십시오. 그들에게는 항상 공통점이 존재합니다.

2005년 당시 가진 돈이라고는 30만 원이 전부인 한 남성이 있었습니다. 그의 이름은 이시다 히사쓰구. 자격증도, 능력도, 연줄도 없는 그는 어느 날 그야말로 오갈 데 없는 백수가 됐습니다. 뭘 어떻게 해야 할지 갈피를 잡지 못하던 그는 월수입 1000만 원을 올리며 승승장구하고 있던 지인에게 찾아가 그 비결을 물었습니다. 그러자 지인은 슬며시 다가와 성공한 사람들만 알고 있는 극비를 알려주겠다며 조용히 속삭였습니다.

"나는 사실 말이야. 날마다 종이에 '월수입 1000만 원을 넘었다'라고 쓰고 있어."

그 이야기를 들은 히사쓰구는 자신의 귀를 의심했습니다. 지금 당신의 반응처럼 그도 처음에는 "아니, 도대체 종이에 1000만 원이라고 적고 있다니 이게 무슨 헛소리야?"라고 반응했습니다. 하지만 딱히 그가 할 수 있는 일은 없었습니다. 결국 그는 지인의 말대로 종이 위에 목표를 한번 적어보기로 했습니다. 그러나 한 달도 되지 않아 종이에 목표를 적는 것은 물론이고, 목표를 바라보는 것도 포기했습니다. 이유는 간단합니다. 그보다는 인터넷 검색을 하고, 텔레비전을 보는 것이 익숙하고 편했기 때문이었습니다. 당연히 그의 삶도 이전과는 달라지지 않았습니다. 아니, 오히려 시간이 지날수록 카드빚만 늘어갔습니다. 그렇게 해서 4년이라는 시간이 흘렀습니다. 그는 여전히 가난했고 빚은 계속 늘어나고 있었습니다.

그러던 어느 날, 그는 갑자기 4년 전 지인에게서 들었던 말이 떠올랐습니다. 그는 지푸라기라도 잡는 심

하루 1번 목표를 말하는 습관

정으로 종이 위에 목표를 적는 일을 다시 실천해보기로 했습니다. 이번에는 절대 포기하지 않고 꾸준히 쓰겠다고 굳게 결심했습니다. 그런데 100일 만에 놀라운 일이 벌어졌습니다. 정말로 그의 월수입은 1000만 원이 넘게 되었고, 그의 강연장에는 사람이 몰려들었습니다. 그의 블로그 접속자 수는 세 배나 늘었고, 그가 쓴 책은 아마존 종합 1위에 올랐습니다.[6] 믿기지 않습니까? 하지만 사실입니다. 현재는 꾸준한 세미나와 코칭 사업으로 월 3000만 원이 넘는 수익을 올리고 있으니 말입니다.

목표 적기가
실패하는 이유

저 역시 히사쓰구와 마찬가지로 20대에는 늘 삶이 불안하고 돈 걱정에 하루하루를 보낸 사람 중 하나입니다. 그래서 저는 자기계발 책들을 찾아 읽기 시작했습니다. 오리슨 스웨트 마든, 나폴레온 힐, 지그 지글러, 잭 캔필드, 브라이언 트레이시, 앤서니 라빈스 등등 성공학의 대가라 불리는 이들의 책들은 닥치는 대로 읽었죠. 그리고 그 안에서 성공한 사람들의 공통된 습관을 알게 되었습니다. 그것은 다름 아닌 자신의 목표를 종이에 적는 습관입니다. 그것을 알게 된 저도 종이 위에 저의 목표들을 적기 시작했습니다. 그 목표들은 과연 이루어졌을까요?

결론부터 말하자면 그 당시 목록에 적어두었던 목표들은 하나도 이루지 못했습니다. 이유는 간단했습니다. 제가 그날 밤 이후로 목표를 다시 적지도, 그렇다고 쳐다보지도 않았기 때문입니다. 그냥 그날 단 한 번 쓴 것만으로 뭔가 상황이 나아지길 바랐던 거죠. 이러한 마음가짐은 잠재의식은 물론이고 습관에도 아무런 영향을 주지 못합니다. 그저 공중으로 금방 흩어져 사라지는 연기 같은 것일 뿐이죠.

시간이 흐른 후 20대 후반이 되면서 저는 점차 극심한 두려움을 느꼈습니다. 잠자리에 누워 천장을 바라볼 때마다 '이러다 정말 큰일 나겠다'는 생각이 들었고 해결 방안은 떠오르지 않았습니다. 절박한 마음에 저는 다시 성공학 책들을 읽기 시작했고, 성공학 관련 강연장도 찾아다니기 시작했습니다. 히사쓰구라는 남성

하루 1번 목표를 말하는 습관

이 일본에서 4년 만에 목표 목록을 다시 적었듯, 한국에서 김효성이라는 사람이 다시 종이 위에 목표를 적기 시작한 거죠.

처음에는 부정적인 마음속 응어리들을 적었습니다. 그러다 점점 현실적으로 이룰 수 있을 것 같은 목표를 5년 계획으로 설정한 뒤 다음과 같이 적었습니다.

서른 살이 넘기 전에 결혼하기.

10년 넘게 피우던 담배 끊기.

1년에 5000만 원씩, 2년 안에 1억 확보하기.

2년 뒤 사업을 시작해 대표 되기.

저는 이것을 작은 종이에도 적어서 코팅한 뒤 지갑에 넣고 다녔습니다. 그리고 휴대폰 메모장에도 그대로 옮겨 적어 매일매일 쳐다보면서 다녔습니다. 결과는 어떻게 됐을까요?

목표를 매일같이 확인하고 즉시 실천할 수 있는 행동들을 구체적으로 계획하면서 성공하고야 말겠다는 소망이 열망으로, 그 열망은 점점 확신이 되어갔습니다. 그리고 5년이 지난 지금 이 목표들을 모두 이루었습니다. 지금은 또 다른 목표를 설정한 뒤 다시 5년 안에 이루기 위해 나아가는 중입니다.

세계적으로 유명한 성공학의 대가들뿐만 아니라 저처럼 평범한 사람도 목표를 적는 습관 하나만으로 성공을 거둔 것입니다. 변화 심리학의 세계 최고 권위자 앤서니 라빈스는 목표를 적는 습관에 대해 이렇게 말하고 있습니다.

'머릿속에 떠오른 생각을 종이에 적는 단순한 행동만으로도 그 목표를 현실화할 수 있다.'[7]

그러니 당신이 원하는 것이 있다면 당장 종이 위에 적어보십시오. 그리고 그것을 매일같이 확인하십시오. 그 작은 습관 하나가 당신이 꿈꾸던 곳으로 안내할 것입니다.

하루 1번 목표를 말하는 습관

부정을 긍정으로 만드는 법

**불평불만만으로는 문제를
해결할 수 없다**

누구보다 성실하게 사는 것
같은데 변화가 없는 자신의 모습에 답답한 느낌이 드
나요? 사실 그것은 당신만 느끼는 문제는 아닙니다. 세
상에 아주 많은 사람들이 공통적으로 겪고 있는 스트
레스이자 걱정이자 두려움입니다. 저 역시 그 심정을
잘 알기에 이렇게 말할 수 있습니다.

1997년, 대한민국을 집어삼켰던 IMF 위기 상황은
저희 집에도 불어닥쳤습니다. 그것은 공포 그 자체였

죠. 평생 주부로 살 거라 생각했던 어머니는 식당 일을 시작해야 했고, 대학을 다니던 누나는 학교를 그만둬야 했습니다. 당시 중학생이던 제가 할 수 있는 일이라고는 세상에 대해 불만과 분노를 터트리는 것뿐이었습니다. 그 사건 이후 10년 동안 제 인생은 윤택해지기는커녕 빠르게 변해가는 세상에 혼자 맨 끝으로 뒤처져서 물에 빠져 죽기 일보 직전인 상태로 추락하는 중이었습니다. 그러다 죽는다 해도 아무도 모를 만큼, 세상에 아무런 영향력 없이 무의미한 존재가 되는 것 같았습니다. 부끄러운 사실이지만 그때 저는 이 세상이 죽도록 싫었습니다. 틈날 때마다 늘 불평불만을 끼적거렸습니다. 항상 이런 식이었습니다.

'이러는 나도 싫고, 이 나라도 싫다.'
'거지도 이런 거지가 없다.'
'나도 잘살고 싶다. 그런데 왜 세상이 안 도와주는 거냐!'

그런데 이렇게 적은 글들을 무심코 바라보던 어느 날, 바로 이것이 문제라는 생각이 들기 시작했습니다.

하루 1번 목표를 말하는 습관

이렇게 온통 부정적인 생각, 부정적인 말, 부정적인 글에 둘러싸여 있다면 성공은커녕 누구 한 사람한테조차 인정받기도 힘들 거라는 생각이 들었던 겁니다. 객관적으로 문제를 바라보게 된 거죠. 그래서 부정적인 생각을 조금씩 긍정적으로 수정한다 생각하고 그 밑에 이렇게 적어 나갔습니다.

문제 '이러는 나도 싫고, 이 나라도 싫다.'

수정 이 나라를 탓한다고 해서 문제가 해결되는 건 없다. 싫은 감정이 드는 건 나한테도 문제가 있는 것이다. 내 문제가 무엇인지 집중해보자.

문제 '거지도 이런 거지가 없다.'

수정 나는 왜 돈이 없을까? 월급을 받으면 쇼핑과 유흥에는 돈을 아끼지 않으면서 정작 저축은 하지 않고 있다. 만약, 더 많은 수입을 원한다면 돈을 아끼고 더 많은 일을 하면 되지 않을까?

문제 '나도 잘살고 싶다. 그런데 왜 세상이 안 도와주는 거냐!'

수정 잘산다는 건 부를 이룬다는 것인데 나한테 그럴 만한 뭔가가 있나? 사실 무턱대고 잘살고 싶다고 우겨봤자 아무것도 바뀌지 않는다. 남들과 달라야 한다.

실제로 이렇게 글로 적고 나서 보니 저의 문제가 무엇인지를 깨닫게 되었습니다. 그것은 바로 언제까지 무엇을 이루어야겠다는 구체적이며 확고한 목표가 저에게는 없다는 사실이었습니다. 생각해보니 그때까지 저는 그저 '될 대로 되겠지 뭐!'라는 생각으로 막연하게 살았던 겁니다. 그때부터 저는 마음을 독하게 먹고 자기계발 도서들을 모조리 찾아서 다시 읽기 시작했습니다. 서울에서 열리는 성공학 관련 강연도 빠짐없이 찾아가 들었으며, 강원도에서 열리는 성공학 조찬 강연에 참석하기 위해 새벽 첫차를 타기도 했습니다. 그러자 얼어붙었던 마음이 점점 녹아내렸고 성공 법칙에 대해서도 편견 없이 받아들일 수 있었습니다. 그리고 제 나름대로 목표가 잡히기 시작했습니다. 그때 세웠던 목표를 보면 사실 당시 제 상황에서는 말도 안 되는 목표들뿐이었습니다.

10년 넘게 피우던 담배를 끊겠다는 작은 목표도 있

었지만 서른 살이 되기 전에 결혼하겠다는 목표도, 1억 원이라는 종잣돈을 모아 제 사업을 시작하겠다는 목표도, 돈 한 푼 없는 저에게는 신기루와 같은 것이었습니다. 그러나 말도 안 된다고 생각했던 일은 약 1년 뒤인 2012년 12월 9일에 일어났습니다. 왜냐하면 서른 살을 3주 남겨두고 제가 결혼을 했기 때문입니다.

당시 제가 가진 돈으로는 서울에 위치한 반지하 월세방도 구하기 어려운 형편이었습니다. 그런데 놀라운 일이 벌어졌습니다. 솔직히 기적 같은 기회가 저에게 주어졌다고 하는 게 더 맞는 표현일지도 모릅니다. 당시 제가 근무하던 회사의 사장님이 자신의 단독주택을 허물고 그 자리에 새로운 빌라를 지었는데 어느 날 갑자기 전화를 해서는 이렇게 말씀하시는 거였습니다.

"자네한테 얼마가 있는지는 모르겠지만, 일단 있는 만큼만 내고 들어와서 살지 않겠나? 시세는 상관하지 말게나."

저는 저에게 주어진 천금 같은 기회의 순간이 믿어지지 않으면서도 지갑을 꺼내 코팅해서 넣어두었던 목표 목록을 다시 한 번 보면서 확신했습니다. 목표에 대한 확신이 얼마나 긍정의 에너지를 뿜어내는지를요. 그 에너지가 주변 사람들에게 널리 퍼져 다시 저에게 되돌아온다는 것도 느낄 수 있었습니다. 그리고 이 일을 계기로 제 인생은 그야말로 180도 바뀌기 시작했습니다. 그전까지는 아무리 노력해도 끊을 수 없었던 담배를 끊었으며, 1억 원이라는 큰돈을 모았고, 그것을 종잣돈 삼아 회사 대표가 되었기 때문입니다. 물론 이목표를 이루기 위해 새벽 5시 기상을 시작으로 차량 정산소 근무, 6시 퇴근 이후에는 야간 택배와 대리운전을 감행하는 빡빡한 일정을 소화해야 했습니다.

부정적인 기운을 말끔히 씻어내는 방법

인간이라면 누구나 소망하는 것들이 마음속에 존재합니다. 그것이 설령 '나도 저 사람처럼 부자가 되고 싶다……'처럼 뻔한 것일지라도 간절하게 바라는 소망에서부터 목표를 도출해낼 수 있습니다. 소망을 목표로 만들고 그 목표를 현실화하는 사람. 다들 아시다시피 그런 사람은 극소수에 불과합니다. 그런데 왜 그럴까요? 사람들이 꿈과 목표를 포기하는 대표적인 이유는 다음과 같습니다.

1. 성취하고자 하는 목표가 없다(혹은 자신이 어떤 목표를 세워야 할지 모른다).
2. 나는 성공할 수 없다는 생각을 확고하게 품고 있다.
3. 빨리 쉽게 성공하기만을 바란다.
4. 어차피 해봐야 안 된다는 '학습된 무기력'에 빠져 있다.
5. 누군가가 그냥 도와줄 거라고 믿는다.

만일 이 중 하나라도 당신에게 해당된다면 제가 그랬던 것처럼 당신 안에 쌓여 있는 불만 사항을 모두 종이 위에 토해내십시오. 부정적인 사고방식을 긍정적으로 바꿀 수 있는 유일한 방법은 당신이 직접 두 눈으로 부정적인 문장들을 확인하는 겁니다. 막상 자신이 쓴 부정적인 문장들을 눈으로 확인하면 알게 됩니다. 지금 자신이 성공하지 못하는 가장 큰 이유가 무엇인지 말입니다.

그러고 나서는 의도적으로 긍정적인 대안을 적어

부정적인 생각을 버리는 방법

1. 나의 콤플렉스, 주어진 환경에 대한 원망, 세상에 대한 불평불만을 전부 종이 위에 토해낸다.

2. 내가 얼마나 부정적인 사고방식에 휩싸여 있는지 내 눈으로 직접 확인한다.

3. 내가 쓴 내용 중 부정적인 상황을 제외하고 내 문제가 무엇인지 '자기 객관화'를 해본다.

4. 의도적으로 긍정적인 해결책을 생각해서 적어본다.

보세요. 그리고 그것을 제3자의 시선으로 바라보세요. '훈수 두는 사람이 세상에서 가장 잘 둔다'는 속설이 있듯 자신의 속마음을 타인의 것인 양 바라보면 실패할 수밖에 없는 상황에 처해 있는 당신의 모습을 적나라하게 확인할 수 있습니다. 이것을 계기로 지금부터 단단한 나무의 뿌리를 만드는 것입니다.

'부자가 되고 싶다'는 소망도 '1년 안에 5000만 원을 모은다'와 같은 구체적인 목표로 변신시킬 줄 알아야 합니다. 1년 안에 이 돈을 모으려면 한 달에 417만 원을 모아야 한다는 계산이 나옵니다. 그러면 구체적으로 어떻게 해서 이 돈을 모을 건지 정리해야 합니다. 당연한 말이지만 수입은 늘리고 지출은 줄여야겠죠. 어떻게 수입을 늘릴 것인지, 어떻게 지출을 줄일 것인지 구체적으로 적어보세요. 그 과정에서 아마 당신이 지금껏 살면서 단 한 번도 느끼지 못했던 뜨거운 열정의 에너지를 감지할 수 있을 겁니다. 이렇게 열정의 기운이 생겨난 이상 부정적인 기운은 발붙일 틈이 없습니다. 이렇게 되면 당신의 인생은 반드시 바뀝니다.

목표를 적는 아침 15분

미국 시카고 대학의 벤저민 블룸 교수는 동료들과 120여 명의 정상에 오른 인물들을 조사했습니다. 그런데 이들의 성공 과정을 살펴보니 의외의 결과가 나왔습니다. 선천적인 재능이나 후천적인 양육 환경이 성공에 미치는 영향이 그다지 크지 않다는 것이었습니다. 미국 굴지의 기업 구글 역시 사람들의 성공 요인을 파악하기 위해 조사를 한 적이 있습니다. 몇 년간 진행된 이 연구의 결과는 바로 이것입니다.

'학벌이나 자격증은 업무 능력과 전혀 상관이 없다.'

정상에 오른 사람들을 분석한 여러 연구 집단들도 이와 비슷한 이야기를 하고 있습니다. 그렇다면 성공한 사람들은 어떻게 정상에 오를 수 있었을까요? 그들의 말을 종합해보면 성공한 사람들의 가장 큰 특징은 '목표를 이루기 위해 포기하는 법이 없다'는 것입니다. 또한 자신의 재능을 업그레이드하기 위해 항상 전문가들의 조언을 경청했습니다. 그들은 성공학 분야의 대가들이었고 공통적으로 이렇게 이야기했습니다.

"당장 목표를 종이에 적으십시오!"

저 역시 그들의 책을 읽고 강연장을 다니면서 끊임없이 들었던 이야기였습니다. 처음에는 저도 지금 당신처럼 말도 안 된다고 생각했기에 실천에 옮기지 않았습니다. 그래서였을까요? 제 삶은 늘 변함이 없었고 미래는 늘 막막하고 두렵기만 할 뿐이었습니다. 그러나 순수한 마음으로 그들의 의견을 받아들여 종이에 목표를 적고 실천에 옮기기 시작하자 거짓말 같은 변화가 시작됐던 것입니다. 만약 누군가가 저에게 "어떻게 그런 일이 가능하죠?"라고 묻는다면 "왜 애초에 가능하다는 생각 자체를 안 하시죠?"라고 답하고 싶습니다.

당신을 포함한 대부분의 사람들은 지극히 평범한 사람입니다. 그러니 큰 이변이 없는 한 당신은 앞으로도 평범한, 그저 그런 삶을 살게 될 확률이 높습니다. 천만다행인 것은 당신에게 선택권이 있다는 것입니다. 그중 한 가지는 당신의 목표를 이루는 삶입니다. 단, 여기에는 목표 목록을 작성한 후 실천한다는 전제 조건이 있습니다. 또 다른 한 가지는 현재의 삶을 유지하는 것입니다. 책을 읽고도 실천할 생각 없이 그냥 덮어버리는 경우입니다.

목표를 종이에 적는 사람 중 95퍼센트가 실천에 옮기지 않는다고 합니다. 한마디로 당신이 95퍼센트에 속한 사람이라면 이 책을 읽고도 오늘을 어제처럼 살아갈 것이고, 아직 오지 않은 내일 역시 오늘처럼 뜨뜻미지근하게 살아갈 것입니다. 그러나 당신이 더 이상 평범하기 이를 데 없는 삶을 거부한다면 쉬지 않고 돌아가던 쳇바퀴 같은 삶에서 뛰쳐나오세요. 그러기 위해서는 반드시 목표 적기부터 시작해야 합니다.

목표를 적는 아침 15분

남편과 사별한 한 여자가 있었습니다. 그녀는 젖먹이 아이와 단둘이 남게 되면서 경제적으로 최악의 상황을 맞았고 우울증까지 생겼습니다. 절망에 빠진 그녀는 온 세상이 자신을 비웃는 것 같은 느낌을 받았습니다. 세상으로부터 도망치고 싶었을 뿐이었죠. 하지만 그녀에게는 하나밖에 없는 아들이 있었습니다. 아이를 위해서라도 최악의 상황에서 하루빨리 벗어나야겠다고 생각했습니다.

하지만 어느 순간, 이런 악조건에서 벗어나야겠다는 생각이 들자 자신도 모르게 의욕이 생겨났습니다. 이것은 성공과 실패를 가르는 아주 중요한 열쇠입니다. '나는 뭘 해도 안 돼', '다 틀렸어. 이대로 굶어 죽을 거야'라는 식의 부정적인 생각을 한 번 하기 시작하면 이것은 곧 꼬리에 꼬리를 물고 이어져 삶을 파괴하기 시작합니다. 그러나 역으로 의욕적이고 긍정적인 모습을 발견하고 상상하기 시작하면 그 역시 꼬리에 꼬리를 물고 이어져 희망이 싹트는 법이죠. 그녀는 자신이 발견한 부의 원리를 스스로에게 적용하여 단칸방에서 생활해야 했던 처지에서 가정부를 고용하는 대저택의 주인이 되었습니다. 많은 사람들이 그녀의 강연을 듣고 '부를 얻는 방법'을 실천했는데 순수한 마음으로 믿고 따른 이들은 모두 성공했습니다. 그런 사람들 중에는 실패한 기업가들도 있었으며, 그녀의 가정부도 포함되어 있었습니다. 당신 또한 성공하고 싶다면 그녀의 성공 비법을 따라만 하면 됩니다. 그것도 하루에 단 15분만을 투자하면 됩니다. 실제로 그녀는 하루 중 가장 중요하게 생각하는 시간이 아침에 일어나 목표 목록을 검토하고 적는 15분이라고 말했습니다.[8]

그녀는 자신의 목표가 실현된 상황을 상상하며 하루에 세 번씩 5분간 목표를 되풀이해서 말하라고 합니다. 만약 큰 소리로 말할 만한 상황이 안 된다면, 12번씩 글로 쓰는 과정을 반복해야 한다고 덧붙이고 있습니다. 구체적으로 설명하자면 이런 방식입니다.

1. 아침에 일어나 전날 적어두었던 목표 목록을 검토하며 우선순위를 정한다. 검토 중 새롭게 떠오르는 아이디어나 목표들도 같이 적는다.
2. 설정한 목표를 달성하기 위해 오늘 당장 실행할 수 있는 구체적인 계획을 세운다. 목표를 달성한 모습을 상상하며 큰 소리로 5분 동안 목표를 소리 내어 말한다.
3. 소리 내어 말할 만한 상황이 아니라면 12번씩 목표를 글로 옮겨 적는다. 이때 나지막하게 소리 내어 적으면 더욱 효과적이다.

이쯤에서 한 가지 궁금한 점이 생깁니다. 그녀는 성공하기 위해 목표를 반드시 종이에 적어야 한다는 사실을 어떻게 알게 되었을까요? 그녀는 변호사의 비서로 잠시 일한 적이 있었는데 그곳에서 궁금증을 해결해줄 단서를 찾을 수 있었습니다.

그녀의 상사는 매우 유능한 변호사인데 국회의원 선거에도 출마했습니다. 그러나 선거에서는 고배를 마셔야 했죠. 그런데 이상하리만치 그 변호사는 자신을 자책한다거나 우울해하지 않고 곧장 또다시 새로운 계획을 작성하는 데 몰입했습니다. 얼마 후 그는 오히려 회사를 더 확장시키고 수익도 증가시키겠다는 목표를 선언했습니다. 당시 그녀는 변호사가 휘갈겨 쓴 목표 목록을 신경 쓰지 않았습니다. 오히려 그런 행동을 하는 그 사람을 이상하다고 생각했을 뿐이었죠. 그런데 점차 그가 종이에 적은 목표들이 하나둘씩 증명되는 것을 보고 종이 위에 목표를 적는 것이 얼마나 위력을 발휘하는지 알게 된 것입니다.

아마도 그 변호사는 아주 오래전부터 목표 목록의 힘을 알고 있었던 듯합니다. 그렇지 않다면 국회의원 선거에서 낙선하고도 태연하게 목표 목록을 다시 적을 수 있었을까요? 그는 이 방법이 자신에게 성공을 가져다줄 수 있을 거라 생각했고, 언제든 마음만 먹으면 국회의원이 될 수 있다고 믿었습니다. 그와 같은 믿음과 태도를 일관되게 유지했기 때문에 유능한 변호사가 될 수 있었을 겁니다.

그 모습을 가까이에서 지켜본 그녀가 자신만의 방식으로 내용을 수정한 것이 바로 오늘날 성공한 이들이 반드시 지키고 실행한다는 캐서린 폰더의 '부의 법칙'

입니다. 그녀는 마지막으로 목표 적기를 머뭇거리는 이들에게 이렇게 말했습니다.

"목표 목록을 적는 일을 하찮다고 생각할 수도 있지만, 성공한 사람들 중 대다수는 이 방법을 사용하고 있습니다. 하지만 그들은 대부분 자신의 성공 비결을 알려주지 않습니다."

그녀의 말에 따르면 당신은 지금 성공하는 이들이 쉬쉬하며 숨겨온 성공 비법을 알게 된 겁니다. 그러니 지금부터는 당신이 꿈을 이룰 차례입니다.

당신에게는 어떤 목표 목록이 있는가?

당신에게는 어떤 꿈이 있습니까? 그렇다면 그 꿈을 적은 종이를 가지고 있습니까? 꿈이라는 것은 너무나 뜨거워서 가만히 혼자 마음속에서 식힐 수가 없습니다. 그 뜨거운 소망을 종이 위에 적음으로써 반드시 이루겠다고 세상에 표출할 수밖에 없는 것입니다. 심리학자들에 의하면 대부분의 사람들은 정신력의 약 10퍼센트밖에 사용하지 못한다고 합니다. 또 의학자들은 사람들이 자신이 갖고 있는 힘의 약 25퍼센트밖에 사용하지 못한다고 보고 있습니다. 더 놀라운 사실은 24시간의 육체노동, 더 나아가서는 한 달간의 육체노동보다 한 시간 동안 사고력에 집중했을 때 정신력은 더 월등한 위력을 발휘한다는 것입니다.

여기서 말하는 사고력 집중이란 쉽게 말해 목표를 향해 정신을 집중하는 능력입니다. '이번만큼은 꼭 실천해야지', '오늘은 반드시 지켜야지'라며 다짐했던 많은 계획들이 당신에게도 있을 겁니다. 그 일들을 지금 한번 되돌아보십시오. 잘 지켜왔습니까? 시작도 하기 전에 그만두거나 스스로 포기해도 된다는 정당성을 부여한 적은 없습니까?

방향이 명확하지 않으면 제아무리 최신식 함선이라 할지라도 결국 어딘지 모를 망망대해에서 좌초하게 됩니다. 그러나 목표만 명확하다면 시간이 지체되었다 한들 흔들리지 않습니다. 가야 할 곳이 분명하기 때문입니다. 보잘것없어 보이는 나침반 하나가 거대하리만치 큰 배의 운명을 결정합니다. 지금 당신에게 필요한 것은 인생의 명확한 방향을 결정해줄 목표 목록입니

하루 1번 목표를 말하는 습관

다. 그것을 반드시 종이에 적어 수시로 점검해야 합니다. 매일 눈을 뜨면 목표 목록을 확인하고 수정하는 시간을 따로 가져보세요. 휴대폰에 저장해두고 언제 어디서나 당신의 목표를 확인해보세요. 그러면 오래지 않아 당신이 꿈꾸던 삶대로 살고 있는 자신을 만나게 될 것입니다.

하루 단위로 목표를 세분화하라

지금까지 성공을 하겠다는
생각을 하지 않았다면?

"너는 이제 안 나와도 돼!"

사장에게 해고를 선고받은 한 남자가 있습니다. 당신은 사장이 야속하다 생각할 수도 있지만 사장도 사장 나름대로 속이 터질 지경입니다. 한번 상상해보십시오. 회사 이미지가 중요한 샐러리맨이 후줄근한 정장 차림에 노랗게 물들인 머리, 귀걸이를 달고 다니며 매일 지각하는 모습을.

그가 만약 당신의 지인이었다면 당신이 알고 있는

모든 사람을 통틀어 가장 형편없고 무능한 사람이라고 생각했을 겁니다. 하물며 이 잔혹하고 냉정한 세계에 어떤 사장이 그런 직원에게 월급을 주며 같이 일하고 싶어 할까요? 그런 사람은 그 누구에게도 신뢰감을 줄 수 없으며 인정받을 수 없습니다. 해고 통보는 어쩌면 너무나 당연한 결과였습니다. 해고를 선고받는 그의 기질(?)은 사실 어제오늘 일이 아니었습니다. 중학교에 입학한 뒤에는 학교에 나가지 않았고, 시험공부라고는 단 한 번도 해본 적이 없었습니다.

그나마 초등학교 시절부터 좋아하던 축구 덕에 추천을 받아 간신히 고등학교에는 진학할 수 있었습니다. 그러나 2학년이 되자 하숙하는 친구들 집을 다니면서 밤새 게임을 하거나 술을 마시러 다니면서 시간을 낭비하고 있었습니다. 고등학교를 졸업하고는 내키지도 않는 전문대에 그냥 들어간 뒤 적성에 맞지 않는다며 1개월 만에 자퇴하는 바람에 집에서 쫓겨나기도 했습니다. 그런 그가 할 수 있는 일이라고는 단순노동 아르바이트밖에 없었습니다. 막노동, 청소부, 선술집 점원, 편의점……. 그러다 돈을 더 많이 벌어야겠다는 생각으로 무작정 '비싼 것을 팔자'는 단순한 생각에 부동산 업계에 취직을 하게 된 것입니다.

하지만 노력한 만큼 돈을 벌 수 있는 것이 영업의 속성입니다. 한마디로 누구보다 열정적이고 부지런해야 살아남을 수 있죠. 그런데 밤새도록 게임을 하고 매일 지각을 하고, 오늘 해야 할 업무 내용도 까맣게 잊어버리는 사람이 어떻게 남다른 성과를 올릴 수 있을까요? 당신의 예상대로 그는 실적이 없어 100만 원 남짓한 기본급을 받는 것이 전부였습니다. 그마저도 매달 나가는 공과금을 제외하면 남는 돈이 20만 원 정도뿐이었습니다.

그는 결국 생활비가 모자라 퇴근 이후에는 밤새 야간 아르바이트를 하며 돈을 벌어야 했습니다. 그러자 본업이 뭔지도 헷갈리는 지경에 이르렀습니다. 아르바이트가 주 업무인지, 회사일이 주 업무인지 분간이 가지 않았습니다. 아르바이트가 끝나고 잠시 눈을 붙이면 출근 시간이 한참 지나 있었기 때문에 이 상황을 지켜본 사장이 드디어 참다 참다 폭발한 것이었습니다. 가까스로 회사 생활을 이어가던 중 그는 자산가로 알려진 고객과 식사를 함께할 기회가 생겼습니다. 돈이 너무나 벌고 싶었던 그는 고객에게 뻔뻔스러울 정도로 이렇게 물어보았습니다.

"재산이 얼마나 되십니까?"

그러자 자산가는 대략적인 자신의 자산을 알려주고는 이렇게 말했습니다.

"자네도 성공하고 싶나? 그렇다면 그 방법은 아주 간단하다네."

뻔한 소리라는 생각에 어색하게 웃고 있는 청년에게 자산가는 이렇게 말했습니다.

"그렇게 돼야겠다는 생각을 하지 않으니까 될 수 없는 거지."

자산가와 헤어진 후 청년은 그의 말을 곰곰이 다시 생각했습니다.

'성공하겠다는 생각을 하지 않았다니…….'

그제야 그는 자신이 생각을 제대로 하지 못하고 있었다는 것을 깨달았습니다. 만약 1억 원이라는 돈이 갖고 싶다면 '언젠가 반드시 1억을 모아야지'라는 막연한 소망을 품는 것이 아니라 '나는 지금 1억 원을 벌기 위해 무엇을 해야 할까?'라는 구체적이고 실질적인 행동을 유발하는 사고를 했던가 하고 떠올려보니, 자신은 한 번도 그렇게 사고한 적이 없었던 것입니다.

이것을 깨닫고 나서 2년 후 그의 실적은 날이 갈수록 상승했고, 4년 뒤에 그는 회사의 최연소 임원으로 7개 사업을 지휘하는 사람이 되었습니다. 이런 말도 안 되는 상황을 어떻게 설명할 수 있을까요? 그의 이름은 나카무라 가즈하루. 그는 부를 이룬 방법에 대해 이렇게 말했습니다.

'학교에서 읽기와 쓰기, 산수를 가르치는 일도 중요하지만, 나는 목표를 달성하는 방법을 가르치는 것이 훨씬 인생에 도움이 되지 않을까 생각한다. 그만큼 강력한 효과가 있는 방법인데도 모르는 사람이 너무도 많다.'[9]

하루 단위로 목표를 세분화하라

그가 말하는 '강력한 효과가 있는 방법'이란 무엇을 말하는 걸까요? 사실 그가 말한 '강력한 효과를 내는 방법'은 생각보다 간단합니다. 그것은 막연하게 목표를 생각만 하고 끝내는 것이 아니라 목표를 구체적으로 종이에 옮겨 적는 일이었기 때문입니다. 좀 더 자세하게 설명하자면 이런 식이었습니다.

그는 당시 3000만 원의 빚이 있었습니다. 처음 목표를 3000만 원 빚 청산으로 설정해두고 세부적인 계획을 세웠습니다. 일단 3000만 원을 벌기 위해서는 회사에 연간 2억 원의 이익을 내줘야 했는데 한 달로 계산해보면 매월 1600만 원이었습니다. 2억 원이라고 하면 너무 큰 금액이어서 도전할 엄두가 나지 않았지만 매월 1600만 원은 해볼 만하다는 용기가 생긴 거죠. 1600만 원을 달성하기 위해서는 1개월 동안 3건의 계약을 따내야 한다는 결론이 나왔습니다. 이것을 달성하기 위해 그는 고객들의 리스트를 철저히 정리하고 하루에 만나야 할 고객을 정해두고 일했습니다. 그 결과 얼마 후 한 달에 2000만~3000만 원 가까이 실적을 올리는 사람이 된 것입니다. 지금도 그는 꾸준히 매년 1월 1일이 되면 1년, 한 달, 한 주, 하루 단위로 목표를 세분화해서 그것을 달성해나간다고 합니다.

성공한 사람들은 성격도 직업도 외모도 다양하지만, '목표'가 뚜렷하다는 점만큼은 같습니다. 당신이 성공하기 전의 나카무라보다 학업에 충실한 학생이라면, 회사 생활을 성실하게 하고 있는 사람이라면 한번 생각해보세요. 당신보다 못했던 그는 수억 원을 버는 부자가 되었고, 당신은 그러지 못하고 있습니다. 그 이유가 도대체 무엇일까요? 저는 나카무라가 실천한 성공 비법을 누구보다 확신하는 사람입니다. 왜냐하면 실제로 제가 똑같은 방법으로 2년 만에 순수하게 1억 원을 벌었고, 그 이후에는 사업을 시작해 회사의 대표가 되었기 때문입니다.

부동산 영업 사원 나카무라 가즈하루의 목표 달성 세부도

목표 : 1년 안에 3000만 원 빚 청산하기

1년 매출 목표 : 2억 원

↓

한 달 매출 목표 : 1600만 원

↓

한 달에 계약 3건 따내기.

↓

모든 고객들의 리스트를 만들기, 고객들 각각의 특징을 기록하기.

↓

하루에 만나야 할 고객의 수를 정해서 꼭 지키기.

"하루 단위로 목표를 세분화할수록 달성률은 높아진다."

세상의 모든 성공은 목표 목록에서 시작되었다

**벼랑 끝에 내몰린 그 남자는
어떻게 됐을까?**

세상을 다 가진 듯 행복감에 젖어 있는 남자가 있습니다. 자신을 쏙 빼닮은 아이가 태어났기 때문입니다. 남자는 그 자리에서 맹세했습니다. 이 아이한테만큼은 뭐든지 다 해주겠다고. 그러나 병원에서 나와 집으로 간 이후 얼마 되지 않아 남자는 지극히 현실적이고 암담한 세상과 마주해야 했습니다. 그의 수입은 직장인 평균 수입의 반에도 못 미쳤고, 준비했던 사업은 모두 실패했기 때문입니다. 아기를 키우는 데 필요한 경제적인 여건은 사실 최악이었습니다. 남자는 눈물을 흘렸습니다. 뭐든지 다 해주겠다는 약속을 지킬 수 없는 상황에 절망했기 때문입니다. 이런 상황에서 안 좋은 일은 한꺼번에 찾아왔습니다. 회사의 2인자라 불리는 상사의 호출에 남자는 불안한 기운을 감지했습니다. 역시나 상사는 한 치의 망설임도 없이 이렇게 말했습니다.

"자네는 내 직장 생활에서 가장 큰 오점이야."

충격이 가시기도 전에 상사는 이렇게 말을 덧붙였습니다.

"자네는 오늘 자로 해고야. 20분 내로 책상을 비워주게."

머릿속에서 환하게 웃고 있는 아이의 얼굴이 떠올랐고 그의 눈에서는 걷잡을 수 없는 눈물이 흘러내렸습니다. 동료들은 그를 힐끔힐끔 바라볼 뿐 그 누구도 위로의 말을 건네지 않았습니다. 아니, 건넬 수가 없었습니다.

만약 당신이 이 남자처럼 최악의 상황에 내몰렸다면 당신의 미래는 어떻게 될까요? 3D 업종 노동자? 아니면 노숙자? 아니면 너무나 큰 충격을 받은 나머지 정신병자가 된 당신의 모습? 그런데 이렇게 최빈민층으로 전락한 사람이 후에 억만장자가 되어 할리우드 톱스타들과 점심을 즐기는 거부가 되었다면 믿을 수 있을까요? 스스로 억만장자가 된 것도 모자라 자신의 말을 믿고 실천한 사람 모두를 백만장자로 만들었다면 그것 역시 믿을 수 있을까요? 하지만 어쩌겠습니까. 이 모든 얘기가 사실인 것을. 이 남자는 아메리칸 텔레캐스트의 설립자로 포춘이 선정한 500대 기업의 CEO 중 여덟 번째 부자인 스티븐 스콧입니다.

믿고 실천하는 사람 vs
어제처럼 오늘을 사는 사람
그렇다면 스티븐 스콧은 어떻게 세계적인 CEO가 되었을까요? 돈도 한 푼 없는 신세에서 말입니다. 그는 자신의 책에서 영적 스승을 지그 지글러라고 여러 번 말하고 있습니다. 그 말은 그가 지그 지글러뿐 아니라 세계적으로 유명한 성공학 대가들의 사고방식과 성공 비법을 배우고, 익히고, 터득했

하루 1번 목표를 말하는 습관

다는 의미입니다. 그리고 무엇보다 중요한 것은 스티븐 스콧에게는 '터무니없는 소리'라고 말하며 실천하지 않은 평범한 이들과는 다른 믿음이 있었다는 것입니다. 그는 종이 위에 목표를 적으면 현실이 된다는 것을 믿었습니다. 그는 성공한 이후 '꿈 실현 프로그램'을 개발해 수많은 사람을 백만장자로 만들어주었는데 프로그램의 내용은 다음과 같습니다.

1. 자신의 인생에서 가장 중요한 분야의 목록을 만들어라. 그리고 그 중요성에 따라 번호를 매기고 배열하라.
2. 가장 중요한 분야부터 그 분야와 관련된 꿈 목록을 만들어라.
3. 꿈 목록 중 하나하나의 실행 페이지를 다시 한 장씩 마련해 제목을 맨 위에 적어라.
4. 종이에 적힌 대로 실행하라.

앞서 '안 좋은 일은 한꺼번에 찾아온다'고 했던가요? 물론, 그럴 수 있습니다. 하지만 사고방식의 변화에 따라 '좋은 일은 한꺼번에 찾아온다'로 변화시킬 수도 있습니다. 왜냐하면 스티븐 스콧 자체가 그것을 입증한 산증인이기 때문입니다. 이것이 바로 목표 적기의 힘, 그 자체입니다. 스티븐 스콧은 목표를 종이에 적는 행동을 의심쩍어하는 이들에게 마지막으로 이렇게 말했습니다.

'당신이 이 목표 목록을 갖게 된다면, 이룰 수 있을 거라 생각도 못했던 소망이 얼마나 빠르게 이루어지는지 알게 될 것이다.'[10]

구체적인 목표 목록 없이 목돈을 만들 수는 없습니다.

구체적인 목표 목록 없이 시험을 잘 볼 수는 없습니다.

구체적인 목표 목록 없이 다이어트에 성공할 수 없습니다.

성공은 두말할 것도 없습니다.

그렇다면 제가 이 모든 것을 이룰 수 있는 방법을 알려드리겠습니다. 목돈이 필요하십니까? 그렇다면 구체적으로 얼마가 필요한지, 그 돈은 왜 필요한 것인지부터 적어보세요. 그리고 그 돈을 마련할 수 있는 방법에 대해 적어보세요. 그러고는 언제까지 마련하겠다는 날짜를 적고 우선적으로 실행해야 할 행동을 실천하는

하루 1번 목표를 말하는 습관

겁니다. 그렇게만 한다면 당신이 원하는 날짜에 정확히 그 돈을 벌게 될 겁니다.

마지막 1센트까지 명확하게 목표를 세워라

제가 아는 한 여성분 중 유학 생활을 하며 그 나라의 기름진 음식을 많이 섭취한 탓에 70킬로그램 가까이 살이 쪄버린 지인이 있습니다. 어느 날 그녀는 다이어트를 해야겠다고 다짐하고는 날씬한 여성들의 사진을 붙여놓고 "나는 반드시 50킬로그램까지 뺄 거야!"라고 적어놓았습니다. 그리고 현재는 목표한 몸무게를 달성해 날씬한 몸매를 유지하고 있습니다.

이 여성은 사실 제 아내입니다. 저는 유학 생활을 하던 당시 아내의 이야기를 듣고 좀 놀랐습니다. 저를 알기 오래전부터 이 성공 비법을 알고 있었다니, 고수를 만난 듯한 기분이었습니다. 아내는 영어 전공자가 아님에도 현재 학원에서 영어를 가르치는 강사로 활동하고 있습니다. 그것도 다이어트에 성공했던 바로 그 방법을 사용해서 가능했다고 말하고 있습니다.

1998년 미국의 오리슨 마덴 재단은 성공하기 위한 방법에 대해 연구를 시작했습니다. 그들은 〈석세스 매거진〉에 게재된 적 있는 성공한 사람 3만 명을 추적 조사했습니다. 조사 결과 그들은 성공한 이들에게 다음과 같은 비결이 있었다고 밝혔습니다. 그 성공 비결은 다음과 같습니다.

'성공하고 싶으면 목표를 명확하게 그려야 한다. 단순하게 부자가 되고 싶다는 것만으로는 명확하지 않다. 돈을 예로 들 경우 자기가 원하는 금액을 마지막 1센트까지 명확하게 하라. 그리고 그 목표의 달성 기일을 써놓고 목표를 소리 내어 읽으며 자기 암시를 해라. 그리고 적극적인 사고방식으로 절대 마지막까지 포기하지 마라. 그러면 반드시 성공할 수 있다.'[11]

이처럼 모든 것에는 다 순서와 방법이 존재합니다. 지금까지 당신이 눈치채지 못하고 있던 것뿐입니다. 당신도 이런 놀라운 일들을 직접 경험해보시지 않겠습니까?

하루 1번 목표를 말하는 습관

2장

목표 달성
불변의 법칙

6

오랫동안 꿈을 그리는 사람은
마침내 그 꿈을 닮아간다.

_프리드리히 니체

뇌의 법칙

신경계 A10의 비밀

　　　　　　전서 비둘기를 새장 속에 넣어 밀폐된 트럭에 싣고서 알 수 없는 곳으로 1000킬로미터를 달립니다. 그곳에서 전서 비둘기를 풀어주면 하늘로 올라가 세 바퀴 정도 돌고 나서 가야 할 목적지를 확인한 후 곧장 1000킬로미터를 다시 날아가 정확히 목적지에 도착한다고 합니다. 비둘기는 오로지 그 목적에만 집중하여 행동하고 결국 그것을 달성해냅니다.

　만약 지금까지 당신에게 뚜렷한 목표 목록이 없었다

면 아마 지치고 힘들고 포기하고 싶은 순간을 견디지 못하고 실패할 이유를 찾았을 겁니다. 그러니 이것만은 기억해야 합니다. 목표가 분명하지 않으면 언제나 같은 곳에 그 상태로 머물러야 한다는 사실을 말입니다. 그것은 목표만 분명하다면 그곳이 어디든 달려갈 수 있다는 말이기도 합니다. 둘 중 무엇을 선택하느냐는 당신의 몫입니다.

우리의 뇌는 목표를 종이에 적으면서 소리 내어 말하고 목표를 달성한 모습을 상상하는 순간 매우 중요한 상황임을 알아차리고 장기 기억 속에 입력한 후 그와 관련된 정보를 찾기 시작합니다. 한마디로 당신이 바라보는 현실은 사실 당신이 보고 싶은 것을 보는 투영된 이미지에 불과한 것입니다. 그렇다면 만약 종이 위에 부정적인 말을 암시하는 것들을 적는다면 당신의 현실은 어떻게 될까요? 아마도 알 수 없는 암담한 날들이 이어질 것입니다. 혹은 매일같이 신세를 한탄하고 있을지 모릅니다. 그러나 반대로 당신이 읽기만 해도 뿌듯하고 가슴 벅찬 목표를 적는다면? 머지않아 수많은 기회가 찾아오고 반짝이는 아이디어가 떠오를 것입

하루 1번 목표를 말하는 습관

니다.

이것은 저의 이론이 아닌 의학자들의 이론입니다. A10이라 불리는 인간의 신경계는 얼굴 표정과 연결되어 있으며 '좋다', '싫다'를 즉시 결정하는 뇌 기관입니다. 만약 당신이 이번만큼은 회사에서 승진을 해야 하는 상황이라고 가정해보세요. 그러나 인사 담당자는 쳐다보기도 끔찍할 만큼 당신이 싫어하는 사람입니다. 하지만 승진하기 위해서는 어쩔 수 없으니까 애써 미소를 지으며 그에게 잘 보이려고 노력합니다. 그때, 인사 담당자의 눈에 비친 당신의 표정은 어떨까요? 평소 '얼굴만 봐도 짜증 나는 사람'이라는 당신의 생각은, 그 즉시 뇌에 '싫다'라는 평가를 내린 후입니다. 그리고 그 속마음은 A10 신경계에서 표정을 담당하는 미상핵으로 전달되어 그대로 얼굴 표정으로 나타납니다.

한마디로 '난 당신이 너무나 싫습니다!'라는 표정으로 승진을 기대하고 있다는 소리입니다. 제가 이 이야기를 하는 이유는 목표를 적어나가는 순간순간 당신의 마음 상태를 점검해야 하기 때문입니다. 목표를 이루고 성공하기 위해서는 언제나 즐겁고, 감사하고, 행복한 마음을 유지해야 한다는 말입니다. 얼굴을 찌푸린 채 온갖 부정적인 말과 행동을 하며 사회생활을 하는 사람 중 성공한 사람을 본 적이 있나요? 세상은 그런 이들에게까지 성공을 허락해줄 만큼 호락호락하지 않습니다.

물론 좋은 생각을 하는 사람이든 싫은 생각을 하는 사람이든 인생의 순간순간에 수많은 기회를 만납니다. 마음가짐에 따라 그 기회를 잡느냐, 못 잡느냐로 갈린다는 말입니다. 그러니 마음가짐을 더욱 강력하게 만들어주는 목표 적기를 따분하다고, 말도 안 된다고 생각하는 건 오산입니다. 언제나 즐겁고 행복한 마음으로 임하세요. 그래야 당신에게 수없이 많은 성공의 기회가 찾아옵니다.

**뇌는 중요하다고 인식한 것만
집중 관리한다**

태어난 지 얼마 되지 않은 신생아들은 일정한 시간이 지나기 전까지는 목과 허리에 힘이 없습니다. 그래서 항상 안을 때 목과 허리를 잘 받쳐주어야 합니다. 특히 잠을 잘 때는 평소보다 더 많은 신경을 써야 합니다. 얌전히 누워서 자다가 조용히 뒤집기라도 하면 고개를 들지 못하기 때문에 숨이 막혀 큰일이 날 수도 있기 때문입니다.

조용한 새벽, 여느 날 같으면 큰 소음에도 숙면을 취하는 저도 아이가 태어난 직후부터는 아주 조그만 소리에도 벌떡 일어나 아이의 안전을 확인하고 다시 잠들기를 반복했습니다. 저의 뇌에서 너무나 중요한 상황임을 각인시키는 신호를 보내주는 것이지요. 그것을 담당하는 우리의 두뇌 신경망 활성화 시스템Reticular Activating System은 항상 중요한 것과 그렇지 않은 것들을 빠른 속도로 구별하고 있습니다. 더욱 쉽게 설명하자면 여러 자극과 정보 가운데 너무나 중요하다고 믿는 것에만 집중한다는 뜻입니다.

이런 가정을 해보겠습니다. 당신은 매달 5만 원씩 저축을 하는 것과, 매달 5만 원씩 부채를 갚아야 하는 것 중 어느 쪽이 우선이라 생각하나요? 많은 사람들이 당연히 부채 쪽을 택할 겁니다. 이유는 간단합니다. 5만 원을 저축한다고 해서 지금 당장 내가 부자가 될 수는 없지만 부채를 갚지 않으면 신용도에 문제가 생기고, 그러면 이자가 불어나고, 최악의 경우에는 채권자가 찾아오는 심각한 상황이 벌어질 수도 있기 때문입니다. 그래서 당신은 돈이 생길 때마다 빚부터 갚아야 한다고 생각하게 됩니다.

뇌가 중요하다고 인식한 것만을 집중적으로 관리한다는 것을 단적으로 잘 보여주는 사례는 또 있습니다. 잠시 주위를 둘러보세요. 그리고 빨간색이 들어간 물건들을 찾아보십시오. 찾아서 확인하셨나요? 한 가지 팁을 드리자면 빨간색이 보이면 "빨간색 볼펜!", "빨간색 노트!", "빨간색 의자!" 이런 식으로 소리 내어 외치는 겁니다. 그러면 더 효과적으로 두뇌에 각인시킬 수 있습니다. 자, 그러고 나서 이번에는 즉시 두 눈을 감고 파란색 물건이 몇 가지나 있었는지 떠올려보십시오. 다시 한 번 말하지만 빨간색이 아니라 파란색입니다. 시작해보세요.

아마 두 눈을 감고 빨간색을 떠올렸다면 적어도 다섯 가지, 많게는 열 가지 이상 쉽게 떠올렸을 것입니다. 그러나 생각지도 않았던 파란색을 떠올리면 별로 생각

하루 1번 목표를 말하는 습관

이 안 나는 것이 사실입니다. 하지만 다시 두 눈을 뜨고 주위를 둘러보세요. 파란색 물건들이 얼마나 많은지 놀라게 될 겁니다. 그러니 목표를 종이에 적는 순간만큼은 모든 정신을 집중해야 합니다. 그래야 그에 따른 아이디어나 에너지가 저절로 생겨납니다. 그저 미덥지 못한 자세로 한쪽 팔을 괴고 대충 끄적거리는 것은 당신의 뇌에 그 어떤 자극도 주지 못한다는 사실을 명심해야 합니다.

성취의 힘은 마약보다 5배나 강하다

하버드 사회심리학과 로버트 로젠탈 교수의 피그말리온 효과에 대해 당신도 한 번쯤은 들어본 적이 있을 겁니다. 피그말리온 효과는 보편적으로 널리 알려져 있는데 쉽게 설명하자면 주위에서 당신에게 지속적이고 반복적으로 이렇게 이야기한다고 합시다.

"너는 굉장히 영리하구나? 부럽다!"

"너는 뭐든지 잘하는구나? 대단하다!"

"우와, 훌륭하다 훌륭해. 너무 멋지다!"

그럼 놀랍게도 당신의 뇌는 즉각 똑똑한 사람, 대단한 사람이라고 말해준 사람들의 기대치를 만족시키기 위해 반응하기 시작합니다. 즉 똑똑하고, 대단하고, 멋진 사람이 되기 위한 정보를 수집하게 됩니다. 만약 그 반대의 경우라면 어떨까요? 마찬가지로 그에 해당하는 반응이 시작됩니다.

앤서니 라빈스는 이런 현상을 이렇게 표현했습니다. '일단 목표를 세우고 나면 어떻게 달성할 것인지는 고민할 필요도 없다.'[12]

이 말은 목표만 분명하면 신경망 활성화 시스템RAS이 알아서 작동하여 자신에게 필요한 정보를 알려준다는 것입니다. 도무지 말이 안 된다고 생각하시나요? 사실 저도 그렇게 생각했습니다. 그런데 이러한 주장을 하는 사람은 앤서니 라빈스뿐만이 아닙니다.

출간된 지 50년이 넘었지만 아직도 회자되는 불멸의 자기계발서, 『성공의 법칙』을 쓴 맥스웰 몰츠라는 의학박사가 있었습니다. 그는 성취할 목표가 분명하기만 하다면 자기 통제 메커니즘이라 불리는 우리의 '신

하루 1번 목표를 말하는 습관

경 의식'이 알아서 목표 지점까지 갈 수 있는 수단을 만들어준다고 말했습니다.

여기서 그가 말하는 '신경 의식'이란 신경망 활성화 시스템을 말합니다. 단, 그 목표는 달성할 가능성이 너무도 분명해 상상만으로도 뇌와 신경계에 실제 상황이라는 느낌을 줘야 합니다. 그러니 원대한 목표를 설정하더라도 처음에는 그것을 이루기 위한 작은 목표를 시작으로 성취감을 직접 느껴보는 것이 좋습니다. 그 작은 성취감이 원대한 목표를 이룰 수 있다는 확신으로 변하기 때문입니다. 지난 30년 동안 마인드 파워 프로그램으로 만들어 세계적인 동기부여 강연자로 활동했던 존 키호는 이렇게 말했습니다.

'당신이 바라는 것의 이미지를 매일 규칙적으로 생각하면 거기에 걸맞은 기회와 행운이 일어나기 시작할 것이다. 당신의 강력한 내부 협조자가 당신의 지시에 따라 목표 달성을 위해 필요한 사람과 환경을 가져다주기 때문이다.'[13]

존 키호는 바라는 것의 이미지를 떠올리는 방법으로 목표 목록을 만들라고 말했는데, 예를 들어 당신이 세일즈맨이 되려고 한다면 그렇게 되기 위한 자질들을 인정하는 목록을 만들라고 말하고 있습니다. 그래야 그 직업에 맞는 자질을 갖추었다는 확신이 생기면서 스스로의 의식이 바뀐다는 말입니다.

일본의 요네야마 기미히로 박사는 1년에 어림잡아 10권 이상의 책을 출간하고 지금까지 총 150권 이상의 책을 집필한 베스트셀러 작가이며 뇌 부분의 저명한 의학박사이자 신경외과 전문의입니다. 그는 종이에 목표를 적는 행위가 뇌에 미치는 영향을 이렇게 설명했습니다.

'뇌는 종이에 쓴 정보는 중요하다고 인식한다. 그래서 잊으면 안 되는 기억으로 확실히 저장한다.'[14]

이렇듯 종이에 목표를 적는 단순한 행동이 뇌를 활성화시켜 장기 기억으로 이어진다는 것은 이미 과학적으로 밝혀졌습니다. 뇌는 습성상 기존에 습득해놓은 정보를 바탕으로 행동을 주관하기 때문에 새로운 감정과 행동을 제한합니다. 하지만 반복적으로 새로운 행동을 했을 때는 점차 그것을 받아들입니다. 잠이 든다고 해서 뇌가 멈추는 것도 아닙니다. 중요하다고 인식

하루 1번 목표를 말하는 습관

한 문제를 해결하기 위해 계속해서 움직이고 있습니다. 깨어 있는 시간 동안 풀지 못했던 수학 문제를 꿈에 풀어내거나, 미해결 사건의 범인에 대한 단서를 꿈에 목격하는 것도 다 그런 이유 때문입니다.

그러니 앤서니 라빈스가 왜 '목표만 확실하면 뇌가 알아서 한다'고 했는지 잘 알 수 있습니다. 당신이 굳이 의도하지 않더라도 '대단하다', '멋지다'라는 칭찬과 격려, 사랑과 기대를 한몸에 받으면 당신의 뇌가 알아서 당신의 몸에 뭔가를 증명하기 위해 노력할 것을 강요합니다. 새로운 발상도 해내고, 그것을 몸으로 실천하라는 신호를 보내는 거죠.

당신은 혹시 주변 사람들에게 '부럽다', '대단하다', '멋지다'라는 기대를 한몸에 받고 있나요? 만약 그렇지 않다면 혼자만의 상상으로 타인의 기대를 실제로 받는 것만큼 큰 효과를 보기란 사실상 불가능합니다. 현실과 상상을 구분할 수 없을 정도로 뇌를 속이는 일은 평범한 사람이 실행하기에는 불가능하기 때문입니다. 하지만 사소한 것 하나라도 뭔가 증명하기 시작하면 이야기는 달라집니다. 내가 생각하는 대로, 원하는 대로 뭔가가 이루어질 때 나도 모르게 자신감이 증폭되기 때문입니다.

한 번 성공을 맛본 뇌는 그러한 경험을 지속적이고 반복적으로 경험할 것을 명령합니다. 그리고 성공 경험이 쌓여가면서 사고방식의 시스템이 점차 성장형으로 변합니다. 이때 이미 뇌에는 베타엔도르핀이라는 호르몬이 분비되면서 사람을 의욕 충만하게 만드는 것이죠. 세계적으로 인정받는 뇌 의학 전문가인 하야시 나리유키 박사는 목표 달성을 더욱 쉽게 할 수 있는 방법에 대해 이렇게 말했습니다.

'뇌를 바르게 활성화하기 위해서는 구체적으로 무엇을 언제까지 할지, 또는 오늘은 무엇을 할지 목표를 명확하게 세워야 한다. (…) 처음부터 무리하게 높은 목표를 설정할 필요는 없다. 그보다는 확실하게 이룰 수 있는 목표를 세워서 달성함으로써 자신감을 갖는 것이 중요하다. 처음부터 못하겠다고 생각하면 뇌가 제대로 작용하지 않기 때문에 우선은 목표를 달성해서 자신감을 갖는 것을 습관화해야 한다. 대뇌보상계가 자신감을 갖게 돼서 기쁘다는 느낌을 거듭 받게 만들고, 다음

하루 1번 목표를 말하는 습관

성장형 뇌는 어떻게 만들어질까?

사소한 목표에 성공한다.

ex) 오늘 저녁부터 8시 이후부터는 아무것도 먹지 않겠다고 다짐한 뒤
우선 딱 하루 실천해본다.

내가 생각하는 대로 이루어진다는 개념에 머릿속에 박힌다.
"내가 해내다니, 난 정말 대단해!"

자신감이 증폭된다.

뇌는 지속적으로 성공을 맛보고 싶어 한다.

베타엔도르핀 분비

뇌가 성장형으로 바뀐다.

기회에 목표를 달성했을 때 더 큰 기쁨을 맛볼 수 있게 한다. 목표를 달성하는 경험이 쌓이고 쌓이면 대뇌보상계가 단련되고 뇌는 기하급수적으로 큰 힘을 발휘하게 된다. 목적과 목표를 종이에 써서 붙여두면 어떤 방향으로 열심히 해야 하는지를 뇌에 각인할 수 있다. 이것을 습관화하여 실천하느냐, 그렇지 못하느냐에 따라 뇌의 활성화에 큰 차이가 있다.'[15]

뇌 질환을 다스리는 '뇌력'을 개발한 양회정 박사는 목표를 성취하는 사람들의 뇌 반응을 이렇게 설명했습니다.

'어떤 사람이 업무 결과에 만족감을 느낀다면 그 사람의 뇌에는 많은 양의 베타엔도르핀이 생긴다. 그렇게 되면 최고의 쾌감 속에서 뇌는 '조금 더 조금 더' 하며 계속해서 쾌감을 느끼고 싶어 한다. 결국 사람이 자신의 정신 활동을 어떻게 이끌 것인가에 따라서 뇌의 반응은 엄청나게 달라지는 것이다. (…) 인간에게 쾌락을 주는 뇌 속 모르핀의 종류는 약 20여 종 정도인데 그중에서도 최고로 쾌락을 주는 호르몬은 바로 베타엔도르핀으로서 그 효력은 마약인 모르핀의 5배를 능가할

정도이다.'[16]

당신의 뇌를 성장형으로
만들어라

이 세상에서 가장 불행한 사람은 과거에 집착하는 사람입니다. 실수했던 과거의 경험을 되새김질하면서 자기 자신을 비난하는 사람입니다. 그런데 실수나 실패를 반복적으로 생각하고 스스로를 다그치면 뇌는 무의식적으로 실패자의 모습을 목표로 설정하고 맙니다. 예를 들어 소심하고 말을 잘 못하는 학생이 과제를 발표하는 시간에 창피를 당하는 장면을 지속적, 반복적으로 떠올린다고 합시다. 이렇게 하면 그 장면이 그대로 자신의 의식에 전달됩니다. 그러면 실제로 실패하게 될 확률이 매우 높습니다.

시험을 준비하는 두 학생이 있다고 가정해보겠습니다. 학생들은 각기 다른 생각으로 시험을 준비하고 있습니다. 첫 번째 학생은 이렇게 생각하며 시험을 준비합니다.

'나는 공부를 잘한다. 공부를 하면 할수록 내 실력은

향상된다!'

두 번째 학생은 이렇게 생각하며 시험을 준비하고 있습니다.

'나는 원래 머리가 안 좋아. 공부해도 거기서 거기야.'

어느 쪽 학생이 자신의 실력보다 더 시험을 잘 볼까요? 당연히 자신의 실력이 성장할 수 있다고 믿는 학생이 그렇지 않은 학생보다 성장 가능성이 높습니다. 앞서 설명한 것처럼 목표를 이루기 위해서는 성취 과정이 중요합니다. 그러니 목표를 이루고 싶고 꿈을 이루고 싶은 열망이 강하다면, 언제나 주변 환경을 의식적으로 세팅할 줄 알아야 합니다. 그래야 자신의 뇌가 성장형으로 바뀝니다.

환경의 법칙

**당신 곁에는 어떤 사람들이
있나요?**

혹시 지금 당신 곁에는 당
신의 꿈을 진정으로 응원하고 지지해주는 사람이 있습
니까? 이것은 아주 중요한 문제입니다. 당신의 성공과
직접적인 관련이 있기 때문입니다. 왜냐하면 아무리
꿈과 목표를 종이 위에 적는다고 해도 10대 시절 꿈 이
야기에 대한 주변 반응은 대체로 이런 식이기 때문입
니다.

"꿈도 좋지만 일단 대학 입학이 우선이지 않겠니?

그러니 일단 대학부터 가고 그때 다시 이야기하자."

20대에 꿈 이야기를 하면 대개는 이런 반응입니다.

"꿈도 좋지만 직장부터 안정적인 곳에 들어가고 나서도 늦지 않아. 꿈은 그때 가서 꿔도 돼!"

30대 이상부터는 꿈이라는 단어가 입밖으로 나오는 순간 주위에서 쏟아지는 말은 대부분 이렇습니다.

"아직도 나이에 안 맞게 꿈 타령이야? 제발 정신 좀 차려라!"

사람들은 언젠가부터 '꿈'이나 '성공'이라는 단어에 지나치다고 할 정도로 민감하고 냉소적으로 반응하기 시작했습니다. 저 역시 마찬가지였습니다. 성공하고 싶다고 포부를 밝히면 대개 주위 사람들로부터 무시 당하거나 번번이 대화가 막혀버렸습니다. 대체로 이런 반응이었습니다.

"네가 열심히 사는 건 알겠는데, 성공이 어디 쉬운 일이니. 부모한테 물려받은 재산이 있는 것도 아니고, 뭔가 특출 난 게 있는 것도 아니고. 미안한 말이지만 좀 힘들 거 같다."

아무리 스스로에게 동기부여한다고 해도 이와 같이

하루 1번 목표를 말하는 습관

냉랭한 반응을 몇 번 듣다 보면 "그래, 성공은 뭐 아무나 하나……"라는 의식이 조금씩 머릿속에 스며듭니다. 당신은 이런 환경에서 소신대로 원래의 꿈과 목표를 지키고 살아왔나요? 아니면 주위의 냉담한 반응에 낙담하며 "그래. 꿈도 성공도 뭐가 받쳐주는 게 있어야지. 난 할 수 없어"라며 체념한 채 살아왔나요? 이런 주위 환경은 스스로 성공을 증명해야 할 필요를 못 느끼게 만듭니다. 바꿔 말해 이런 사람들 사이에 둘러싸여 있으면 절대로 성공할 수 없다는 뜻입니다. 그러니 주위 사람들의 시선과 편견 때문에 열망을 스스로 잠재웠다면 지금부터는 당신의 상황, 그 자체를 변화시켜야 합니다.

군중심리의 메커니즘에 매몰되지 마라

주위 환경이 당신의 인생에 얼마나 큰 영향을 미치는지 알려주는 실험을 하나 소개하려고 합니다. 회의실에 앉아 있는 사람은 총 다섯 명. 그중 한 명의 반응을 관찰하기 위해 나머지 네 명은 관계자들로 구성되어 있습니다. 당사자에게는 알리지 않은 채 실험이 시작됩니다. 얼마쯤 시간이 지난 후 실험실에 정체 모를 연기가 가득해지기 시작했습니다. 실험 참가자는 당황하기 시작합니다. 그러나 주위 사람들이 가만히 있자 당황해하면서도 자리에서 일어나지 않았고, 결국 아무런 행동도 하지 않습니다. 이 실험을 본 당신은 "나라면 바로 나왔을 텐데!"라고 쉽게 말할 수도 있습니다. 하지만 심리학자 허태균 교수는 그런 당신에게 이렇게 말하고 있습니다.

"바로 그 생각이 가장 오만하고 위험하다. 그 상황에 처하면 누구나 그럴 수 있다. 그것이 상황의 무서움이다."[17]

그렇다면 혼자 있는 경우에는 어땠을까요? 혼자 생각하고 판단해야 하는 상황에서는 방 안에 연기가 나자, 18초 만에 실험실에서 자발적으로 나왔습니다. 이 현상은 군중심리의 메커니즘입니다. 이를 테면 이런 경우들입니다.

첫째, 사람이 여러 명 있으면 주위가 분산된다. 목적 및 목표가 불분명해진다.

둘째, 위급한 상황이 생겨도 주위 사람들의 반응을 먼저 살피고 스스로 어떤 행동도 하지 않는다.

셋째, 스스로 해결할 생각보다는 '누군가 알아서 하겠지 뭐'라고 생각하게 되는 '책임감 분산'이 일어난다.

이 심리 현상을 목표 달성, 성공이라는 관점에서 보면 이렇게 해석할 수 있습니다.

첫째, '성공은 아무나 하는 게 아니다'라고 믿는 동료 혹은 친구들과 있으면 당신 역시 그렇다고 믿게 된다.

둘째, 성공하고 싶지만, 아무런 변화 없이 살아가는 주위 사람들을 보면서 당신 자신도 현재의 생활에 만족하며 물들어간다.

셋째, 자신이 성공하지 못한 것은 주변 환경 때문이라고 생각한다.

점심시간, 당신은 직장 동료들과 삼삼오오 모여 대화를 나누고 있습니다. 그때 마침 누군가가 상사에 대한 험담을 하기 시작합니다. 그러자 다른 동료들 역시 그의 말에 동의하면서 고개를 끄덕거리고 있습니다. 잠시 후 당신에게도 동의를 구하는 듯한 눈빛이 집중됩니다. 이 순간 당신은 어떤 반응을 보이겠습니까? 대개 이런 모호한 상황에서 가장 쉽게 대처하는 방법은 그들에게 맞장구치는 것입니다.

당신은 꿈을 이루겠다는 소망으로 열심히 노력하며 책을 읽고 용기를 얻어 목표를 향해 도전합니다. 하지만 현실에서 당신이 매일 마주하는 직장 동료나 친구, 가족들은 어떤 사고방식으로 당신과 대화하며 지내고 있습니까? 당신 주변에 담배를 피우는 사람이 많거나 많아질수록 당신 역시 흡연을 할 확률이 높아집니다. 또 매일 술이나 과도한 음식 섭취로 비만인 친구들이 곁에 있다면 당신 또한 비만이 될 것이고, 반대로 꾸준히 운동하는 친구들이 많다면 당신도 그렇게 될 확률이 매우 높습니다. 아마도 당신은 못 믿겠다며 이렇게 말할 겁니다.

"에이 설마, 그게 말이 돼? 매일 붙어 있는 것도 아닌데? 말도 안 돼!"

하버드 의과대학의 니콜라스 크리스타키스 박사 역시 당신처럼 이런 현상이 의심스러웠거나 너무 궁금했던 모양입니다. 그는 이 현상을 입증해 보이기 위해 무려 32년간 1만 2067명을 추적 조사했습니다. 결과는 놀라웠습니다. 장소의 근접성과는 상관없이 심지어 다른 지역에 거주하는 친구인 경우에도 가깝게 지내는 친구가 비만인 경우 자신 또한 비만이 될 가능성이 3배나 높다는 결과가 나왔기 때문입니다.[18]

다시 말해서 성장형 사고방식을 갖고 있지 않은 사람들과 어울리는 것은 당신에게 분명히 손해라는 말입니다. 당신 곁에 있는 사람은 당신이 생각하는 것보다 훨씬 더 빠르고 강력하게 당신을 물들이고 있습니다. 그리고 당신 역시 당신 주변 사람들을 물들이고 있습니다.

당신은 지금껏 어떤 사건이나 상황을 누군가의 탓으로 돌리면서 합리화한 경험이 있을 겁니다. "남들이 아니라고 하면 아닌 거겠지?"라고 스스로를 설득하거나, "그래, 아마 이건 힘들 거야!" 싶으면 바로 포기하는 것에도 다 그런 이유가 있습니다. 지금껏 당신이 '나는 목표를 달성할 것이다', '나는 성공할 것이다'라고 결심했지만 결국 주위 환경에 인생이 송두리째 흔들릴 만큼 큰 영향을 받고 있었다는 말입니다.

**동료들과 어울리며
시간 낭비하지 마라** 세일즈를 하고 있는 사람들에게 롤모델이 누구냐고 묻는다면 어떤 세일즈 분야를 막론하고 조 지라드를 꼽습니다. 그는 세일즈맨으로는 처음으로 자동차 왕 헨리 포드와 나란히 '미국 자동차 명예의 전당'에 오른 그야말로 세계 최고의 세일즈맨이기 때문입니다. 하지만 그의 과거는 그야말로 암담하기 그지없었습니다. 유년 시절은 너무나 가난해 겨울이면 남의 집 석탄을 훔쳐야 했고, 집으로 돌아가면 아무 이유 없이 아버지에게 학대를 당했습니다. 소년이었던 조 지라드는 분노했습니다. 그리고 그 분노는 자연스럽게 자신의 상황을 더 악화시키고 있었습니다. 동네 친구들과 새벽에 몰래 남의 집 가게를 털어 구치소에 수감되었고, 이후 40여 가지나 되는 3D 업종의

하루 1번 목표를 말하는 습관

직업을 전전했습니다. 그러나 그런 와중에도 툭하면 싸움을 벌여 쫓겨났습니다. 30대가 되어서는 가정을 꾸렸지만, 어렵게 시작한 사업이 망하면서 빚쟁이들에게 쫓기는 신세가 되었습니다. 전형적인 실패자의 인생을 살고 있었던 거죠. 과연 이런 사람이 사회적 성공을 할 거라 생각할 수 있을까요? 그 누구라도 고개를 절레절레 흔들 겁니다.

하지만 모두의 예상과는 다르게 그는 세일즈를 시작한 첫해 무려 267대의 자동차를 팔았고, 소속된 대리점에서 최고의 실적을 올렸습니다. 4년째가 되던 해에는 614대의 자동차를 팔았으며, 그해 세계 1위의 세일즈맨이 되었습니다. 이후에도 매년 판매량은 성장했고 언제나 정상의 자리를 지켰습니다. 그로 인해 〈뉴스위크〉, 〈포브스〉, 〈펜트하우스〉, 〈우먼스데이〉 등 수많은 신문과 잡지 그리고 TV 토크쇼에 소개된 유명 인사가 되었습니다. 도대체 어떻게 이런 말도 안 되는 상황이 벌어진 걸까요? 훗날 많은 사람들이 그에게 세일즈의 비결을 물었을 때 그는 이렇게 대답했습니다.

'머릿속에만 세일즈 기회를 담아놓아서는 잠재 고객

을 발굴할 수 없다. 반드시 체계적인 시스템을 위해 다이어리를 준비하라. 그리고 동료들과 어울리며 시간 낭비하지 마라.'[19]

뜻을 같이하는
사람을 찾아라

인간이 달 위를 걷게 하겠다고 큰소리로 선언한 한 남자가 있었습니다. 그의 이름은 존 F. 케네디. 바로 미국의 대통령이었습니다. 하지만 수많은 사람들과 과학자들은 '절대 불가능한 일'이라고 말하며 그의 주장을 묵살했습니다. 그러자 케네디는 불가능하다고 말하는 사람들을 일절 만나지 않았습니다. 그런 사람들에 둘러싸여 있으면 자신도 영향 받아 시간이 지날수록 목표를 포기할 가능성이 높다는 것을 알고 있었기 때문입니다. 그 대신 '가능하다'고 생각하는 과학자들을 열심히 찾아다녔습니다. 그리고 불가능을 가능으로 바꿀 수 있는 근거를 물어가며 치열하게 싸우기 시작했습니다. 그리고 결국 그것은 증명이 되었습니다. 1969년 7월, 닐 암스트롱이 실제로 달 위를 걸었기 때문입니다.

한때 의학계에서는 극복할 수 없는 질병이라고 선언한 병이 있습니다. 바로 소아마비입니다. 그러나 한 사람만은 달랐습니다. 그는 소아마비를 반드시 고칠 수 있는 질병이라 생각했습니다. 케네디를 정면으로 비판한 과학자들처럼 의학계에서도 그의 행동을 정면으로 비판하고 나섰습니다. 하지만 그는 자신과 뜻을 같이하는 동료들과 함께 결국 소아마비 바이러스 면역법을 개발하여 인류를 소아마비로부터 해방시켰습니다. 그의 이름은 조너스 소크. 그가 1960년대에 설립한 소크 연구소Salk Institute는 지금까지 5명의 노벨상 수상자를 배출한 세계 최정상급의 기초생명과학연구소로 자리매김하고 있습니다.

이러한 사례는 실제로 너무 많아 정리하기도 벅찰 정도입니다. 성공하는 이들은 하나같이 '왜 안 되는가?'에 매몰되지 않고 '왜 될 수밖에 없는가?'에 집중합니다. 그러니 당신이 성공하기로 마음먹었다면 스스로 고집스러울 정도의 결단력이 필요합니다. 상황을 지배하기 위해서는 지배당할 수 있는 상황 자체를 변화시켜야 당신이 원하는 대로 통제할 수 있기 때문입니다. 늘 살았던 방식 그대로, 언제나 평범함을 추구하는 보통 사람들과의 일상적인 삶이 아니라 당신만의 꿈으로 세상을 한 번 깜짝 놀라게 하겠다는 의지와 열망과 열정을 가지고 당신만의 방식으로 증명해 보여야 합니다. 그것이 지금 당장 당신이 시작해야 하는 삶입니다.

앞서 예로 든 조 지라드는 처음부터 스스로 동료들과의 잡담을 허락하지 않았습니다. 그 때문인지 그는 매장에서 판매 실적 1위를 달성했지만 동료들의 시기와 질투로 다른 매장으로 옮겨야만 했습니다. 그 이후 조 지라드는 동료들에게 유연성 있게 대처했지만 '쓸데없는 잡담은 하지 않는다'는 원칙은 절대로 꺾지 않았습니다. 이유는 간단합니다. 그는 진심으로 간절하게 성공을 열망했기에 자신이 원하는 곳에 모든 에너지를 집중했습니다. 잡담하는 동료들과 어울리지 말고 혼자 폐쇄적으로 살라는 말이 아닙니다. 결국은 당신도 조 지라드처럼 동료들 또는 친구, 가족 등 인간관계에서 유연성을 발휘해야 한다는 말을 하려는 겁니다.

하루 1번 목표를 말하는 습관

자신의 목표를 분명히 세우는 것, 그 목표에 대한 자기 확신을 갖는 것, 그리고 같은 목표를 향해 달려가는 사람들을 찾아 함께 미래를 개척하는 것. 그리고 그것에 모든 에너지를 집중하는 것. 그래야 당신이 꿈꾸던 삶을 이룰 수 있습니다.

믿음의 법칙

뻔뻔스러울 정도의 자신감은
어떤 효과를 가져올까

1965년의 일입니다. 뉴욕 시장이 된 존 린지가 복지 예산을 충당하기 위해 세금을 올리자 맨해튼에 본사를 둔 기업들이 다른 도시로 옮겨가기 시작했습니다. 공공노조는 봉급 인상을 내걸고 파업을 했습니다. 지하철 차량은 사람들이 남긴 스프레이 낙서로 뒤덮였고 그대로 방치되었습니다. 그러자 지하철 안에서조차 범죄가 난무했습니다. 많은 사람들이 뉴욕에서는 살 수 없다며 근처의 뉴저지 등으로 떠나기 시작했습니다. 존 린지 이후 새로운 시장이 된 에이브 빔은 그런 뉴욕의 모습을 보고 있자니 부정적인 생각을 할 수밖에 없어서 그랬는지 '뉴욕은 곧 파산할 것'이라는 내용을 시민들에게 발표했습니다. 불안에 떨던 기업들과 시민들은 연속적으로 뉴욕을 떠났고, 빔 시장의 말처럼 뉴욕 시는 파산을 향해 한 발, 한 발 나아가는 중이었습니다.

하지만 그때였습니다. 뉴욕 시는 새 시장으로 에드코치를 임명했습니다. 괴짜스러운 부분도 있었지만 그는 분명 경기가 다시 좋아질 거라는 긍정적인 믿음이 있는 사람이었습니다. 그래서였을까요? 그 순간 뿌리처럼 단단하게 박혀 있던 뉴욕 시의 부정적 기운이 서서히 가시기 시작했습니다. 에드코치 시장은 언제나 긍정적으로 생각하며 행동했습니다. 늘 웃음을 머금고 뻔뻔스러울 정도의 자신감에 가득 차 있었던 그는 종종 "저 잘하고 있나요?"라고 묻곤 했는데 누가 뭐라고 답하건 전혀 상관하지 않았습니다. 그 결과 거의 파산 직전이었던 뉴욕 시를 살려냈고 결국 세 번이나 뉴욕 시장을 연임했습니다. 긍정적인 믿음이 놀라운 결과를 이끌어내는 사례는 이 외에도 셀 수 없이 많습니다.

**'나는 평범한 사람이다'라고 생각하면
평범하게 살 수밖에 없다**
                                           저는 제가 느낀 그
대로 많은 사람들에게 긍정적인 동기부여를 해주고 싶
었습니다. 그래서 주위 사람들에게 이렇게 물어봤습
니다.

"당신은 자신이 성공할 수 있다고 생각하나요?"

그러나 많은 사람들이 '나는 성공할 수 없을 것 같
다'고 대답했습니다. 왜 그러냐고 물으면 학창 시절부
터 지극히 평범했던 자신이 이제 와서 뭔가 대단한 일
을 하기는 힘들 것 같다는 대답이 돌아옵니다. 학창 시
절에 해봤던 아이큐 검사 결과 때문에 자기 자신이 '지
극히 평범한 사람'이라는 의식이 뿌리 깊이 박혀 있는
것이지요.

저도 마찬가지였습니다. 저는 늘 소극적인 자세로
세상을 살아왔습니다. 그런데 가만히 생각해보니 제
안에도 '나는 특별히 잘하는 게 없다'는 의식이 있었던

하루 1번 목표를 말하는 습관

겁니다. 그랬으니 될 일도 안됐던 것은 어찌 보면 당연한 결과였습니다. 하지만 어느 순간 종이 위에 목표를 적고 그것들을 하나하나 증명하면서부터 제 인생은 바뀌기 시작했습니다(참고로 찰스 다윈 이래 가장 저명한 생물학자로 알려진 스티븐 제이 굴드와 유명한 심리학자 로버트 스턴버그는 아이큐 테스트에 대해 '근거가 없으며 사회적인 억압 도구'라고 비판했습니다).

주위 사람들은 제가 2년 만에 1억 원을 모으고, 사업을 시작해 대표가 되고, 책을 써서 작가가 되는 과정을 지켜보면서 다들 놀라워했습니다.

그들은 비결을 물었고 저는 늘 똑같이 대답해주었습니다. 종이 위에 목표를 적고 매일 그것을 보면서 행동으로 실천하라고 말입니다. 조언을 듣고 처음 알게 된 사실이라며 들뜬 표정으로 실천한 이들은 실제로 매일같이 자신의 목표를 이루는 멋지고도 놀라운 삶을 살고 있습니다. 더욱 놀라운 건 늘 피곤하고 지쳐 있던 그들이 생기 넘치는 일상을 보내고 있다는 겁니다. 어떤 이는 사업 자금을 마련하기 위해, 또 어떤 이는 못다 한 공부를 위해, 하루에 할당된 에너지의 최대치를 끌어내고 있습니다.

저 역시 직접 경험해봤기에 그들이 그렇게 될 수밖에 없는 이유를 누구보다 잘 알고 있습니다. 하지만 그저 헛웃음을 지으며 실천하지 않았던 이들은 안타깝게도 오늘도 어제처럼 살고 있습니다. 아마 내일도 그러할 겁니다. 그리고 연말이 되면 이렇게 말할 확률이 대단히 높습니다. "나도 열심히 사는데 왜 늘 이 모양이지?" 제가 이렇게 확신하며 말할 수 있는 것도 실제 제가 만난 대다수의 지인들이 그러했기 때문입니다. 저와 얘기를 나누는 도중 지인 한 명은 깊은 한숨을 내쉬었습니다. 그래서 저는 물어봤습니다.

"왜 그렇게 한숨을 쉬어?"

지인은 몰라서 묻느냐는 표정으로 저를 힐끗 바라봤습니다. 그러나 저는 '정말 모르겠다'는 표정으로 멀뚱히 쳐다보고 있었습니다. 그 당시에는 정말 몰랐기 때문이죠. 그러자 지인은 이렇게 말했습니다.

"도대체 지금 이 짓을 언제까지 해야 할지 모르겠다. 그렇다고 당장 그만두고 하고 싶은 걸 할 수도 없고……."

하루 1번 목표를 말하는 습관

저는 물었습니다.

"네가 하고 싶은 일이 뭔데?"

지인은 영화와 관련된 일을 하고 싶어 했습니다. 평범하게 직장 생활을 하며 사는 자신이 아니라, 영화 생각에 잠들고 영화와 함께 눈뜨는 삶을 살고 싶다고 말이죠. 이야기를 듣고 있던 저는 지인에게 이렇게 말해주었습니다.

"네가 영화를 그렇게 좋아하면 그 일을 직업으로 삼을 수 있게 준비해봐. 그 정도라면 영화의 전반적인 지식을 알아야 하니까 그것부터 조사하고 공부도 하고. 그리고 네가 좋아하는 감독과 배우들의 필모그래피를 찾아보고 분석해서 너만의 방식으로 요약해보는 거지. 요즘 유행하는 영화 기법이라든지, 영화를 재미있게 보는 너만의 방식을 사람들한테 설명할 수 있도록 정리해보는 건 어때? 그렇게 노력하고 하나하나 증명해나가다 보면 곧 영화판에서 일하게 될지도 모르잖아."

이 이야기를 듣고 있던 지인의 눈이 반짝반짝 빛났습니다. 저는 마지막으로 이렇게 덧붙였습니다.

"진짜 하고 싶으면 구체적인 목표를 종이에 적어서

벽에 붙여두고 매일매일 점검해봐. 꼭 이루어질 거야!"

하지만 그는 안타깝게도 그 꿈을 잊어버린 채 아직도 원하지 않는 회사를 열심히 다니고 있습니다. 그 이유를 묻자 영화와 관련된 일을 알아보니 생각보다 너무 광범위하고 자신의 전공 분야도 아니기 때문에 그냥 취미처럼 감상만 하는 쪽이 좋을 것 같다고 답했습니다. 그런데 만약 그가 영화와 관련된 일을 하기 위해 자신만의 구체적인 계획을 세우고 그것을 목표 목록으로 작성해 실천했다면 어땠을까요? 그가 조금만 더 자신의 소망을 구체적인 목표로 바꿨다면 어땠을까요? 그랬다면 저는 아마도 지금쯤 그토록 좋아하는 영화와 관련된 일을 하고 있었을 거라고 확신합니다.

목표를 종이 위에 적는 행위에서부터 이미 그 목표는 현실 세계로 튀어나올 준비를 하고 있습니다. 당신 안에는 그렇게 할 힘이 있습니다. 이 책을 읽고 있는 당신은 순수한 마음을 가진 사람입니다. 그리고 자신의 목표를 달성하기 위해 노력하는 사람입니다. 그런 당신에게 묻고 싶습니다. 만약 지금까지 꿈을 이루기 위해 반드시 필요한 핵심 요소를 놓치고 있었다면? 그 핵심 요소가 바로 목표 목록이었다면? 그래서 지금까지 먼 길을 돌아온 거라면?

그 문제아는 어떻게 영재가 되었을까?

생각해보면 성공한 이들은 모두 자신들이 성공할 수 있다는 믿음이 대단히 강한 사람들입니다. 그 믿음에 의심이 없기에 그들은 삶을 변화시킬 수 있었습니다. 믿음은 사고방식도 바꿔놓는 힘이 있기 때문입니다. 믿음의 힘이 얼마나 중요한지를 보여주는 사례 몇 가지를 소개할까 합니다. 미국 어느 학교에서 있었던 일입니다. 국어 선생님은 학생들에게 멋진 시를 지어오라는 숙제를 내줬습니다. 일등 상품으로 맛있는 초콜릿도 걸었습니다. 학생인 로즈는 다른 어떤 친구들보다 더 열심히 시를 지었습니다. 자신이 가장 자신 있는 분야였기 때문입니다. 하지만 로즈의 시는 F학점을 받았습니다. 로즈는 선생님에게 따지듯 물었습니다.

"제가 왜 F를 받은 거죠?"

그러자, 선생님은 당연하다는 듯 대답했습니다.

"넌, 이런 시를 쓸 수 없어. 네가 썼다고 하기엔 너무나 수준이 높은 시야."

선생님은 그 시를 로즈가 썼다고 믿어주지 않았습니다. 하지만 선생님에게도 그럴 만한 이유는 있었습니다. 왜냐하면 로즈는 ADHD^{주의력 결핍 과잉행동장애} 장애가 있었고, 학교에서 수많은 문제를 일으키는 문제아 중의 문제아였기 때문입니다. 로즈는 낯선 사람의 자동차에 충동적으로 돌을 던졌고, 엄마가 천사라고 부르는 여동생이 진짜 하늘을 날 수 있는지 확인해본다는 이유로 그녀를 2층에서 밀어버리는 행동까지 하는 아이였던 겁니다. 주변의 많은 사람들은 로즈에게 손가락질을 했고, 그에 보답이라도 하듯 그의 고등학교 3학년 성적은 평균 0.09점. 전 과목 F학점으로 최하위 중에서도 최하위였습니다. 결국 졸업 점수 미달로 학교까지 그만두게 되었습니다. 그 이후에도 로즈는 주위 사람들의 편견과 고정관념으로 실패자의 인생을 살아야 했습니다. 고등학교 중퇴자인 그가 할 수 있는 일들은 형편없었고, 그마저도 해고당하기 일쑤였습니다. 그는 정부 보조금으로 살아야 했습니다. 그런데 그 와중에도 로즈의 부모는 그를 끝까지 믿어주었습니다. 로즈가 아무리 사고를 쳐도 어머니는 그를 끌어안으며 "너는 좋은 사람이 될 거야"라는 믿음을 심어주었고, 로즈의 아버지는 "실수는 누구나 하는 거야. 훌륭한 인격은 실수한 다음에 어떻게 대응하느냐에 달려 있어"라는 말로 북돋아주었습니다. 사회에 적응하지 못했지만 부모의 꾸준한 믿음과 사랑을 받은 로즈는 결국에는 자신이 좋아하는 분야의 공부를 하기 시작했고, 이후 대학에서 심리학 교수 줄리앤 아버클을 만나면서 인생이 360도 달라지기 시작했습니다. 중·고등학교 교사들이 그를 '문제아'라고 낙인찍은 반면, 아버클 교수는 그를 우수하고 창의적인 학생으로 대했습니다. 그러자 그는 교수님의 기대에 부응하기 위해 새로운 사람이 된 겁니다. 전 과목에서 A학점을 받는 우등생이 됐을 뿐 아니라 학생 대표에도 당선되었고 우수 장학금까지 받게 되었습니다. 그가 바로 하버드대 교수이자 교육신경과학 분야의 선도적인 사상가인 토드 로즈입니다.

그리고 여기 또 다른 문제아가 있습니다.

초등학생 시절 이 소년은 의자에 폭탄 소리가 나는 장치를 몰래 설치해 선생님들을 깜짝 놀라게 하고, 학교 게시판에 '내일은 애완동물 데리고 등교하는 날'이라는 거짓 안내문을 붙여 수백 명의 학생이 개와 고양이를 데리고 학교에 등교하는 사태까지 일어났습니다. 학교 측에서는 그의 부모에게 지금처럼 말썽을 부리면 학교를 다닐 수 없다고 통보했습니다. 보통의 부모라면 혼낼 만도 하지만, 소년의 부모는 그를 사랑으로 감싸 안아줬습니다. 토드 로즈 교수의 부모처럼 말이죠. 그리고 로즈 교수에게 줄리앤 아버클 교수가 있었다면, 바로 이 소년에게는 테디 힐이라는 선생님이 있었습니다. 테디 힐 선생님은 그가 유망한 학생임을 직감적으로 알아봤고, 믿음과 사랑으로 대했습니다. 그 소년은 초등학교 4학년 때 고등학교 2학년 수준의 실력을 갖춘 수학 영재로 판명 났습니다. 이 소년의 이름은 우리가 너무나 잘 알고 있는 스티브 잡스입니다. 그는 당시 일을 회상하며 이렇게 말했습니다.

"그분이 아니었다면 저는 틀림없이 소년원에나 들락거렸을 겁니다."

이런 대표적 사례는 또 있습니다. 20세기 최고의 과학자, 아인슈타인은 네 살이 될 때까지 말도 제대로 못했고, 학교생활에는 전혀 적응하지 못했습니다. 그의 성적표에 이렇게 적혀 있었기 때문입니다.

'이 학생은 지적 능력이 낮아 어떤 공부를 해도 성공할 가능성이 없음.'

이런 상황에서도 아인슈타인의 어머니는 한결같이 반응했습니다. 그녀는 늘 혼내거나 꾸중하는 대신 "너는 반드시 훌륭한 사람이 될 거야"라고 진심으로 믿으면서 말해주었기 때문입니다. 그에게 그런 어머니가 없었다면 과연 세계적인 과학자가 될 수 있었을까요. 영화계의 살아 있는 전설, 스티븐 스필버그 또한 어린 시절에는 선생님들의 미움을 사는 학생이었습니다. 담임 선생님이 그의 어머니에게 가정교육을 제대로 시키든지 특수학교로 보내라고 조언할 정도였습니다. 그 이야기를 듣고 있던 스티븐 스필버그의 어머니는 이렇게 말했습니다.

"선생님, 우리 아이의 기를 꺾지 말아주세요. 엉뚱한 질문을 하면 그 애의 질문을 저에게 알려주세요. 그렇게 해주시면 제가 도서관에서 자료를 찾아 답해주는 데 큰 도움이 될 것 같습니다."

나를 믿고 있는 사람이 있다는 것

어쩌면 우리는 '나는 성공할 수 없어', '나는 머리가 좋지 않아'라고 스스로 한계를 지으며 자신의 가치를 떨어뜨리고 있는지도 모릅니다. 만약 그렇다면 당신은 앞서 그들이 결정적으로 변신한 계기를 눈여겨볼 필요가 있습니다.

로즈, 스티브 잡스, 아인슈타인, 스티븐 스필버그 등 우리가 알고 있는 천재들, 그리고 전 세계에 영향력을 펼친 이들 뒤에는 진심으로 아껴주고 사랑해주고 믿어주는 부모가 있었습니다. 당신이 만약 아이를 둔 부모라면 아이에게 끊임없는 칭찬과 격려, 믿음, 그리고 사랑을 주세요. 나를 믿고 있는 사람이 있다는 것. 그 사실 하나만으로도 그 아이는 자기 자신을 함부로 하지 못합니다. 믿음은 그 어떤 것보다도 강력하고 위대한 힘을 발휘합니다. 절대적인 믿음과 애정을 느꼈을 때

인간은 변할 수 있고 자기가 갖고 있는 역량의 최대치를 발휘할 수 있습니다.

당신 역시 마찬가지입니다. 누군가에게 진실한 믿음을 받으면 변할 수 있겠지요. 그러나 그렇다고 이제 와서 부모에게 사랑을 달라고 조를 수도 없습니다. 예를 들어 당신이 부모님께 "이제부터 저 좀 사랑해주시죠. 그러시기만 한다면 전 큰 인물이 될 겁니다!"라고 말한다고 해서 갑자기 부모의 사랑이 쏟아지는 것은 아닐 테니까요. 또한 부모의 변함없는 지지와 믿음을 받은 사람이 그렇게 흔하지는 않습니다. 당신도 잘 알다시피 멀쩡해 보이는 가정도 자세히 들여다보면 콤플렉스와 트라우마로 뒤범벅인 경우가 다반사입니다. 또한 부모는 자신이 선택할 수 있는 것이 아닙니다. 태어남을 선택할 수 없는 것처럼 말이죠.

그렇다면 부모의 지속적인 믿음을 받지 못한 사람들은 진정 자신의 잠재 능력을 써보지도 못한 채, 혹은 그 능력이 있는지도 모른 채 내일을 또 오늘처럼 살아야 할까요? 결론만 얘기하자면 아닙니다. 핵심은 자기 확신, 즉 자기 자신에 대한 믿음이기 때문입니다. 어떤 운

좋은 사람들은 타인(부모)의 힘으로 자기 확신을 갖게 되기도 하지만, 그렇지 못했다면 '목표를 증명하는' 과정을 통해 자기 확신을 만들어내면 됩니다. 그때부터 비로소 자기 변화의 시작, 즉 실패자의 사고방식에서 성공자의 사고방식으로 사고 체계가 변화합니다.

세상에 내 맘대로 되는 게 없다고, 일이 내 뜻대로 되지 않는다고 오늘도 낙담하고 있나요? 그럴 시간에 당장 당신이 실천할 수 있는 목표를 종이에 써보세요. 그 작은 목표를 이루어냈다는 것. 그것만으로도 이미 당신의 마음속에는 자기 확신이라는 싹이 돋아난 겁니다. 그 싹에 당신만의 방식으로 물과 햇볕을 주면 곧 당신은 자신의 존재를 세상에 증명해 보일 수 있습니다.

습관의 법칙

**혹시 실패 습관에
젖어 있나요?**

1990년대 들어서 MIT 연구자들은 기저핵[basal ganglia]이라 알려진 신경조직에 관심을 갖기 시작했습니다. 기저핵은 일정한 패턴을 인식하고 반복하는 역할을 수행하는 뇌 부위입니다. 한마디로 습관에 대한 연구를 시작한 것이지요.

연구자들은 실험용 쥐의 두개골에 초소형 전자 장비를 삽입하고 관찰했습니다. 실험의 내용은 간단합니다. T자형 미로에 쥐를 놓고 한쪽 끝에는 초콜릿을 놓아두었습니다. 처음에는 초콜릿을 찾기 위해, 쥐들의 뇌가, 특히 기저핵이 활발하게 움직입니다. 연구진은 똑같은 실험을 수백 번 반복하며 꾸준히 쥐들의 뇌가 어떤 반응을 보이는지를 관찰합니다. 그런데 일주일이 채 지나지 않아 서서히 '초콜릿이 어디 있는지 뻔히 알고 있다는 듯' 쥐들의 뇌 활동이 중단되었습니다. 무언가 생각할 필요 없이 가장 빠르게 초콜릿이 있는 곳만 기억해도 충분했기 때문이죠.

당신은 오늘 첫 출근을 하는 날입니다. 평소보다 여유 있게 일어나 씻고 출근 준비를 합니다. 지하철에 올라탄 뒤에는 몇 정거장 뒤에 내려서 갈아타야 하는지, 회사에 도착해서는 어떻게 행동할 것인지 생각하는 사이 순식간에 목적지에 도착합니다. 이럴 때면 시간이 야속하게만 느껴집니다. 회사에 도착해서는 신입 사원답게 선배들의 말 한 마디도 놓칠세라 귀를 쫑긋 세우며 무엇을 해야 하는지 눈치를 봐가며 업무를 봅니다. 태어나서 처음으로 온몸의 신경세포 하나하나가 동시에 살아 꿈틀대는 듯합니다. 녹초가 되어 집에 돌아와서는 입맛이 없는 관계로 저녁도 대충 먹고 얼른 잠자

하루 1번 목표를 말하는 습관

리에 들고 싶은 생각뿐입니다. 내일도 오늘과 같은 긴 장과 초조함의 연속일 거라 생각하니 벌써부터 손에 식은땀이 날 것 같습니다.

시간이 흘러 회사 생활에 익숙해진 당신은 아침에 게으름을 피우며 5분만, 10분만을 외치다 지각하기 일 쑤입니다. 이제는 지하철을 타면 걱정과 긴장 대신 이 어폰을 귀에 꼽고 동영상을 보거나 게임을 하기 시작 합니다. 심지어는 게임에 정신이 팔려 내려야 할 정류 장을 지나친 적도 있습니다. 그렇게 해서 지각하는 시 간은 점점 더 늦어집니다. 회사에 도착해서는 업무를 대충 끝내고 점심 메뉴 결정에 심사숙고합니다. 어제 와 같은 메뉴를 먹는다는 건 내 자신에게 너무 무관심 한 거라 생각하기 때문입니다. 퇴근 후에는 고단한 하 루를 위안 삼기 위해 술 약속을 잡습니다. 그것 때문에 늦잠을 자게 될 수도 있다는 생각이 들기는 하지만, 대 수롭지 않게 넘깁니다. 왜냐하면 내일 하루도 오늘처 럼 아주 익숙하게 보내면 그만이기 때문입니다.

우리 인간의 뇌는 자극이 없으면 새로운 습관을 들 이려 노력하지 않습니다. 그저 아침에 눈뜨고 저녁에 눈감을 때까지 습관으로 굳어진 사소한 것들을 하고 있을 뿐입니다. 어찌 보면 인간의 모든 행동은 습관에서 시작한다고 말해도 과언이 아니죠. 즉 성공하지 못하는 사람은 실패 습관을, 성공하는 사람은 성공 습관을 꾸준히 유지하고 있다는 말입니다. 만약 지금까지 당신이 선택한 삶이 만족스럽지 않다면 당신은 행동 습관을 바꿔야 합니다. 지금 당신의 삶이 중독성이 강한 실패 습관에 젖어 있을지도 모릅니다.

21일 동안만 실행해보기

펜실베이니아 대학의 마틴 셸리만 교수 팀은 실험실 바닥에 전기가 흐르도록 설치했습니다. 그리고 실험실 안에는 개가 한 마리 있습니다. 그런데 이 개는 어쩐지 피할 생각은 하지 않고 가만히 있습니다. 분명 바닥에는 전기가 흐르고 있는데 어찌 된 일일까요? 그 이유는 사방이 막혀 있는 방에 갇혀 있었기 때문입니다. 이미 도망가거나 피할 수 없다는 걸 학습받았기 때문에 무기력한 상태가 된 것이지요. 이번에는 똑같이 실험실 바닥에 전기를 흘린 후 일정 시간 동안 개의 목줄을 당겨 전기가 흐르지 않는 안전한 방으로 옮겨주었습니다. 그 이후 바닥에 전기를 흘려보내자 놀랍게도 개는 전과 달리 바닥에 전기가 통하는 즉시 일어나 안전한 방으로 뛰어들어갔습니다.

이 실험은 맹독 같은 무기력증이 마음에 번졌을 때 얼마나 큰 위험을 초래하는지를 잘 알려줍니다. 정신과 육체를 서서히 잠식하는 무기력증은 눈앞에 찾아온 기회조차 날려버릴 위험이 있습니다. 신세 한탄과 자기 부정이라는 습관의 덫에 빠져버리기 때문입니다.

"난 어차피 안 돼!"

"성공은 뭐, 아무나 하나?"

"안 될 사람은 뭘 해도 안 돼!"

이런 사고는 자본주의 사회뿐만 아니라 그 어떤 사회에서도 살기가 힘듭니다. 어느 누가 부정적인 사람과 함께 있고 싶어 할까요?

당신 몸에 퍼져 있는 무기력증을 없애기 위해서는 당신에게도 할 수 있다는 긍정적인 자신감이 필요합니다. 그리고 그 자신감은 목표를 성취했을 때 싹틉니다.

한 번 맛본 목표 성취의 기쁨에서부터 긍정적인 에너지는 서서히 자라나고 점점 커집니다. 성공한 사람들은 공통적으로 이렇게 말합니다.

"매일 종이에 적힌 목표 리스트를 보며 하나씩 하나씩 실행해나가자 차츰 내가 그 목표 지점에 와 있다는 걸 알게 되었다."

긍정적인 자신감을 가지려고 아무리 노력해도 안 된다고요? 만약 그런 딜레마에 빠져 있다면 그것은 당신이 실패를 맛본 후, 반복된 실패 습관에 빠져버렸기 때문입니다. 당신을 그곳에서 빠져나오게 할 수 있는 것이 바로 목표 목록입니다. 목록의 우선순위에 따라 하루하루를 채워보세요. 그것은 당신이 원하는 목적지에 갈 수 있게 정확하게 안내할 것이며, 목표한 바를 반드시 이룰 수 있다는 용기를 줄 겁니다. 그렇게 하루하루 살아가다 보면 우선 작은 성공들이 성취감을 가져다줄 것이고 그것은 당신에게 긍정의 기운, 뿌리 깊은 자신감을 심어줄 겁니다.

그렇다면 목표 적기는 어떤 방식으로 해야 할까요? 목표는 흐릿하게 정해서는 안 됩니다. 명확, 정확하

하루 1번 목표를 말하는 습관

며 현실적인 것이어야 합니다. '부자 되기', '1년 안에 100평 집에 살기', '1년 안에 로또 되기'처럼 막연하거나 현실적으로 불가능한 목표를 세우면 안 됩니다. 예를 들어 만약 '부자 되기'가 목표라면 이런 식의 고민을 거쳐 새로운 목표를 도출해야 합니다.

부자 되기 → 사업하기 → 총 사업 자금 → 1년 안에 확보해야 할 목표 자금 → 매달 확보해야 할 자금 → 자금 확보를 위한 매달 행동 계획 → 매일 행동 계획 → 알아야 할 정보 습득 → 아이디어 도출 → 목표 작성

작은 목표부터 큰 목표까지 언제나 세세하고 구체적인 행동 목표까지 구체적으로 작성하는 습관을 들여야 합니다. 세분화된 목표는 달성하기 쉽기 때문에 당신을 지치지 않고 더욱 열정적으로 이끌어줍니다. 2009년 영국 런던 대학의 필리파 랠리 교수의 연구팀은 많은 사람들을 대상으로 실험한 결과 하나의 행동이 습관으로 자리 잡는 데 21일이라는 시간이 걸린다고 밝혔습니다. 한 달이 채 안 되는 시간 안에 새로운

습관을 형성할 수 있다는 겁니다.

저는 10년 동안 피우던 담배를 끊기 위해 그동안 수없이 여러 번 금연을 시도했지만 언제나 실패를 거듭했습니다. 지금 생각해보면 항상 이런 생각이 발목을 잡았던 것 같습니다.

'어차피 평생 담배를 안 피울 건데 오늘 딱 하루만 피우자.'

스스로에게 관대해지면서 하루하루 실천을 미뤘던 것이 실패의 원인이었던 거죠. 하지만 새로운 습관을 형성하는 데 21일이 걸린다는 사실을 알게 된 후, 저는 날마다 목표를 이렇게 바꿔서 적기 시작했습니다.

1일차, 나는 반드시 21일 동안 금연한다.

2일차, 나는 반드시 20일 동안 금연한다.

3일차, 나는 반드시 19일 동안 금연한다.

…

…

…

하루 1번 목표를 말하는 습관

성공 습관과 실패 습관의 차이

〈성공 습관〉

1일차 나는 반드시 21일 동안만 금연한다.

2일차 나는 반드시 20일 동안만 금연한다.

3일차 나는 반드시 19일 동안만 금연한다.

......

20일차 나는 반드시 2일 동안만 금연한다.

21일차 나는 반드시 1일 동안만 금연한다.

〈실패 습관〉

1일차 내일부터 금연할 건데 오늘 딱 한 대만 피우자.

2일차 내일부터 금연할 건데 오늘 딱 한 대만 피우자.

3일차 내일부터 금연할 건데 오늘 딱 한 대만 피우자.

......

20일차 내일부터 금연할 건데 오늘 딱 한 대만 피우자.

21일차 내일부터 금연할 건데 오늘 딱 한 대만 피우자.

과연 21일이 지난 후 어떻게 되었을까요? 그날 이후 지금까지 5년이 넘는 시간 동안 저는 꾸준히 금연 중이며, 중간에 다시 피웠다거나 실패한 적은 단 한 번도 없었습니다.

성공 습관을 실천하는 사람은 과연 몇 프로일까?

습관은 반드시 규칙적인 룰에서 생겨납니다. 이것은 곧 규칙을 지속시키기 위한 노력이 필요하다는 말이기도 합니다. 그러기 위해서는 의식적으로 하루하루를 계획하고 그에 따라 행동하고 노력해야 합니다.

이런 상황을 한번 가정해보겠습니다. 두 사람이 있습니다. 한 사람은 잠들기 전 막 작성한 계획표를 점검합니다. 계획표 안에는 다음 날 하루 일과를 막힘없이 처리할 수 있도록 구체적인 실행 계획이 적혀 있습니다. 내일 하루를 생각하면 걱정과 불안감보다는 설렘과 기대감으로 가득하기 때문에 기분 좋게 하루를 마무리합니다.

또 다른 사람이 있습니다. 어쩐지 이렇게 하루를 마무리하는 것이 아쉬워 잠시 동안만 게임을 하려고 컴퓨터를 켰습니다. 충혈된 눈으로 잠자리에 누워 시계를 보니 어느덧 시간은 새벽 2시가 훌쩍 넘었습니다. 게임이 주는 짜릿한 재미가 끝나고 나니 삶이 피곤하고 허탈하다는 생각을 하며 잠자리에 듭니다.

전자의 경우에는 출근해서 업무를 시작함과 동시에 오전에 처리해야 할 일들을 막힘없이 처리해나가며 오후 업무 또한 다른 동료보다 월등히 나은 결과물을 증명해 보입니다. 언제나 하루가 만족스러우며 더욱 큰 목표에 도전해서 성취감을 얻으려고 노력합니다. 후자의 경우에는 가까스로 출근해서 수면 부족으로 온몸이 쑤시고 졸립니다. 빠듯하게 밀려 있는 업무 때문에 하루가 늘 정신이 없고 일이 즐겁지가 않습니다. 그러다 보니 지금의 업무가 적성에 맞지 않는다고 생각할 뿐, 미래에 대한 목표는 생각도 하지 못합니다.

전자는 성공 습관을 가진 사람, 후자는 실패 습관을 가진 사람이라는 것을 다 눈치채셨나요? 전자의 삶을 사는 사람이 실제로 삶에 대한 만족도가 높을 수밖에 없습니다. 계획한 대로 일을 진행하고 그것에서 느끼는 성취감은 '나는 뭐든 할 수 있다'는 강한 자신감을 심어주기 때문입니다.

그렇다면 당신은 어떻습니까? 정작 중요한 뭔가를 해야 하는 시점에 "집중하면 금방 끝낼 수 있으니까, 조금만 쉬다 하지 뭐!"라고 말하며 아무 생각 없이 TV를 보거나, 게임을 하거나, 좋아하지도 않는 사람과 노닥거리거나 하면서 어이없게도 아무것도 하지 못한 채 하루를 보낸 적은 없습니까?

목표를 이루기 위해 노력하는 자세는 매우 중요합니다. 하지만 그것은 절대로 단순하게 이루어지지 않습니다. 종이 한 장, 펜 한 자루를 꺼내는 이 작은 습관조차 일정 시간 동안 반복적으로 행동할 때 자연스럽게 나와 하나가 되는 겁니다. 새로운 습관을 의식적으로 몸에 익히는 것은 언제나 불편하고 어려울 수밖에 없다는 걸 알아야 합니다. 이 문제에 대해 지적한 사람이 있습니다.

미국의 자기계발 전문가 스티븐 기즈는 평범하게 살수밖에 없는 사람들의 습관에 대해 이렇게 말했습니다.

'문제는 우리 자신이 아니라 우리가 쓰는 전략이다.'[20]

그는 자신이 말하는 전략을 따라 하면 반드시 새로운 습관을 몸에 익혀 인생을 바꿀 수 있다고 말합니다. 그가 말하는 전략이란 다음과 같습니다.

1. 아주 사소한 일의 리스트를 적는다.
2. 리스트에 적힌 일을 매일 한다.
3. 그 일을 증명한다.
4. 성공한다.

너무 뻔한 이야기 같아서 황당하다고요? 하지만 이것이 바로 그가 말한 강력한 전략입니다. 이를테면 팔굽혀 펴기를 해도 하루 한 번씩 날마다 꾸준히 하게 되면 운동에 대한 거부 반응도 없어질뿐더러 지치지 않고 운동을 지속할 수 있습니다. 뭔가를 매일 꾸준히 한다는 것은 그만큼 강력한 원동력이 됩니다. 또한 뭔가를 증명하려면 가장 짧은 시간 안에 현실화할 수 있는 일을 당장 실행해서 증명하면 됩니다. 하지만 아직도 많은 사람들이 "그런 시시한 목표는 집어치워!"라고 말하며 처음부터 확 바뀐 자신의 몸을 기대하고 헬스클럽 회원권을 끊습니다. 그러나 몇 번 다니다가 서서히 뜸해지고 결국 자기와 맞지 않는 운동이라고 결론 내리며 중도에 포기합니다. 당신 역시 여러 번 이런 경험을 하지 않았나요? 태산을 옮기기 위해서는 작은 조약돌 하나부터 날라야 하며, 25미터의 웅장한 느티나무도 4밀리미터 정도의 작은 씨앗에서 출발합니다. 결국 큰 성공도 반드시 작은 성공 습관에서 시작하는 법입니다. 당신 역시 "나는 내가 추구하는 것을 이뤘다!"고 말하고 싶다면 지금부터 목표를 적고 실행에 옮기세요. 당신의 목표는 더 이상 목표가 아니라 현실이라는 것을 알게 될 겁니다.

이미지의 법칙

뛰어난 사람들의 공통점

아인슈타인, 뉴턴, 에디슨, 다 빈치, 링컨을 보면 당신은 어떤 생각이 가장 먼저 떠오르나요? 세기의 천재들? 누구보다 성공한 인물들? 물론 다 맞는 말입니다. 그러나 그들에게는 중요한 공통점이 한 가지 더 있습니다. 바로 메모광이었다는 점입니다. 그들에게는 끔찍이 아끼던 자기만의 노트가 있었습니다. 그리고 그 안에는 구체적인 목표와 더불어 자기만의 방식으로 목표를 현실화하는 방법이 적혀 있었습니다.

창의적인 아이디어로 남다른 결과물을 내놓는 사람들은 언제나 큰돈을 벌고 있습니다. 세기의 천재들 역시 마찬가지였습니다. 그리고 그들의 아이디어는 메모에서 출발했습니다. 만약 당신이 특별한 아이디어를 갖고 있는데 그것을 메모하지 않는다면 어떻게 될까요? 당연히 아무 일도 일어나지 않고, 그저 조용히 아이디어는 증발해버립니다. 아이디어를 돈으로 만들고 싶다면 종이에 그것을 적는 것부터 시작해야 합니다. 세기의 천재들이 그랬던 것처럼 말이죠.

아인슈타인은 천재보다는 둔재에 가까운 사람이었습니다. 고등학교에서 쫓겨날 당시 성적도 최악이었으며 대학은 재수를 하여 간신히 입학했고, 졸업한 후에는 오갈 데 없는 백수였기 때문입니다. 한마디로 그의 천재성은 그때까지만 해도 전혀 발현되지 않았습니다. 그저 평범한 한 사람에 불과했죠. 그런데 특허청에 취직한 뒤 아인슈타인은 끊임없이 자신의 생각을 메모하기 시작합니다. 그리고 그 메모를 쳐다보며 생각에 집중했습니다. 그의 노트에는 언어, 기호, 숫자, 이미지

하루 1번 목표를 말하는 습관

등이 다양하게 적혀 있었습니다. 그뿐만이 아닙니다. 영국의 과학 잡지 〈네이처〉에 따르면 아인슈타인이 쓴 편지는 1만 4500통 이상인데 그 안에는 직접 글을 적고 그것을 시각화해야만 위대한 발견을 할 수 있다고 믿었던 그의 신념이 들어 있습니다.[21]

뉴턴은 산책하면서 머릿속에 뭔가가 떠오르면 그 즉시 집으로 달려가 사라져버릴지 모르는 아이디어를 빼곡히 적기 시작했습니다. 이런 행동은 습관을 넘어 그의 삶 자체였습니다. 식사를 하는 것도 잊어버릴 만큼 아이디어를 자신의 노트에 적어나가기 시작했습니다. 그렇게 생활한 지 채 2년도 되지 않아 20대 초반의 대학생으로서는 도저히 설명하거나 확립할 수 없는 이론을 만들어내기 시작했습니다. 일생 동안 지속되는 뉴턴의 메모 습관은 그를 천재 중의 천재로 만들었습니다.

에디슨도 예외가 아니었습니다. 그는 평생 1093개의 특허와 전구, 발전기, 전기 펜, 연료 전지, 축전지, 전화 송화기 등의 발명품을 내놓았습니다. 그럴 수 있었던 가장 큰 이유는 그의 노트에서 발견할 수 있습니다.

에디슨의 노트를 30년 동안 꼼꼼하게 연구해온 프로젝트 팀^{Thomas A. Edison Papers Project}이 있었습니다. 이 프로젝트 팀은 럿거스에서 30년이나 넘게 조사를 진행했는데 애당초 150만 장 정도의 분량일 거라고 생각한 에디슨의 메모가 500만 장이 넘을 거라고 추정했습니다.[22] 그는 성과를 내기 위해서는 완벽하게 기록해두어야 한다는 사실을 일찌감치 간파했던 사람이었습니다.

그래서 자신이 직접 노트를 만들어 연구실 작업대 위에 놓아두고는 손 닿는 대로 집어 들고 메모하기도 했습니다. 여기서 한 가지 놀라운 점은 그 역시 노트에 해야 할 일의 우선순위를 적어두고 작업을 했다는 사실입니다. 프로젝트에 성공하기 위해서는 반드시 우선순위에 따라 실행해야 하는 것이 원칙이었기 때문이죠. 또한 그의 연구실에서 발견된 다량의 메모 안에는 새로운 실험에 대한 내용이 꼼꼼하게 기록되어 있었다고 합니다. 각종 아이디어와 실험 내용을 생생하게 떠올릴 수 있는 그림도 페이지마다 가득했습니다. 이것이 바로 에디슨의 성공 비법이었던 거죠.

인류사를 통틀어 가장 위대한 천재 중 하나인 레오

하루 1번 목표를 말하는 습관

나르도 다 빈치는 어떨까요? 정식 교육을 받지 못한 불우한 어린 시절을 보냈지만 스무 살부터 엄청난 양의 습작을 시도했던 그는 서른 살이 되었을 무렵에는 이미 기구 설계, 무기 설계, 차량 설계, 조각상 그림 등등 수많은 아이디어를 노트에 기록해놓았습니다. 실제로 다 빈치의 스케치들을 따라 물건을 제작한 결과 놀랍게도 성공적이었다는 일화는 굉장히 유명합니다.

정규 교육을 받아본 적이 없었던 링컨 대통령도 마찬가지였습니다. 그는 정치가가 되기 전부터 모자 안에 종이와 연필을 챙겨서 다녔고, 뭔가가 생각나는 즉시 메모하는 습관이 있었습니다. 그런 습관 덕분에 그는 정치가로서 발돋움할 수 있었습니다. 대통령이 된 이후 링컨은 큰 사건이 일어날 때마다 전보 사령실에 들어가 꿈쩍도 하지 않았다고 합니다. 그는 그곳에서 뭘 했던 걸까요? 참모진 모르게 많은 일들을 혼자 처리하느라 구슬땀을 흘려가며 바쁜 시간을 보내고 있었을까요? 링컨 연구의 권위자라 불리는 매트 핀스커 교수에 따르면 링컨은 오랫동안 창밖을 내다보며 떠오르는 생각들을 메모하고 다시 생각에 집중하고 다시 메모하는 행동을 반복했다고 합니다. 그런 시간을 통하면 더욱 신중하고 올바른 결정을 내릴 수 있다는 걸 알았던 겁니다. 그 덕분에 링컨은 미국인들이 가장 사랑하는 대통령으로 영원히 기억되고 있습니다.

뇌는 원래 눈에 보이는 것만 믿는다

천재들의 습관을 연구한 캐서린 콕은 역사상 천재로 불렸던 인물 300명 중 대부분이 메모광이라는 공통점을 밝혀냈습니다. 그렇다면 그들은 왜 굳이 번거롭게 노트나 메모지를 이용해 목표를 이미지화했을까요? 그들은 종이에 목표를 적으면 현실화될 수 있다는 걸 이미 오래전부터 알고 있었던 거 아닐까요?

인간의 뇌는 원래 보이는 것만 믿는 성격이 있습니다. 예를 들어 당신이 갖고 싶은 최고급 스포츠카가 있다고 가정해보겠습니다. 그 차를 눈앞에서 직접 보고 있다면 당신 뇌의 '시각 중추'는 활성화되기 시작합니다. 그리고 그 순간부터 온통 그 차와 관련된 것만 눈에

하루 1번 목표를 말하는 습관

떱니다. 눈에 보이는 것이 강력한 동기부여가 되어주는 거죠. 이것이 날마다 반복되면 실제로 인간은 그것을 얻기 위해 행동을 하기 시작합니다. 시각화할수록 실제로 얻게 될 확률이 더욱 높아지는 것입니다. 믿기 힘드시다고요? 여기서 실제 사례 하나를 소개할까 합니다.

1950년대 한 선원이 스코틀랜드의 한 항구에서 짐을 내린 뒤 리스본으로 되돌아가는 포도주 운반선의 냉동 창고에 갇히게 되었습니다. 결국 냉동 창고에 갇힌 선원은 저체온증으로 사망하게 되었습니다. 그런데 시간이 지난 후 다른 선원들이 냉동 창고를 열었을 때 모두 다 경악할 수밖에 없었습니다. 왜냐하면 냉동 창고의 온도는 영상 19도였고, 음식의 양은 충분했기 때문입니다. 많은 사람들은 그가 죽은 이유를 그 자리에서 쉽게 알 수 있었습니다. 창고 벽에 이렇게 쓰여 있었기 때문이었죠.

'몸이 점점 얼어붙고 있다. 이제 나는 곧 죽을 것이다.'

얼어 죽을 것이란 글을 보며 꽁꽁 얼어붙은 자신의 모습을 상상한 그의 몸은 거짓말처럼 실제로 얼어붙어버렸고 죽음에까지 이르렀던 것입니다. 인간의 몸이란 이렇게 정신과 긴밀하게 연결되어 있는 것입니다.

이미지로 기억하라

고도로 발달한 산업화 시대가 되었음에도 다시 DIY가 유행하는 이유는 무엇일까요? 그것은 바로 자신의 손으로 직접 만든 물건에는 남다른 애정이 생기기 때문 아닐까요? 자기 손으로 직접 작성한 것에도 애정이 생기는 것은 마찬가지입니다. 이것은 손으로 뭔가를 적는 행위가 몸의 감각기관을 자극하기 때문이라는 것이 뇌 과학계의 정설입니다.

그런데 그렇게 적어놓은 것을 매일 보고, 매일 입밖으로 발음하면 어떻게 될까요? 감각기관에 영향받은 우리 뇌는 그것을 매우 중요한 일로 인식합니다. 더욱 놀라운 것은 그것을 이미지화하면 우리의 뇌는 더 오랜 시간 동안 목표를 잊지 않기 위해 끊임없이 정보를 요구한다는 것입니다. 그리고 그 정보를 바탕으로 행동을 하기 시작합니다. 다시 말해서 눈에 보이는 대로,

하루 1번 목표를 말하는 습관

입으로 말하는 대로 내가 만들어지고, 나의 미래가 결정된다는 거죠.

단순히 기억만 하는 것과 이미지로 기억하는 것 사이에 확연한 차이가 난다는 것은 이미 과학적으로 증명된 것입니다. 스탠퍼드대 로버트 혼 교수의 연구 결과에 따르면 단순하게 듣고 기억한 정보는 시간이 지나면 약 15퍼센트 정도만 기억에 남는 반면, 이미지와 함께 기억한 정보는 약 89퍼센트까지 남는다고 밝혀낸 바 있습니다.

그래서였을까요? 약 1만 5000년 전, 구석기시대 사람들이 살던 동굴에서도 손으로 그린 글과 그림이 발견됩니다. 전기며 종이, 펜도 없던 시절에 그들은 왜 동굴 벽에 그림을 그렸을까요? 추측하건대 그들도 그렇게 함으로써 소망이 이루어질 거라고 믿었던 건 아니었을까요?

메모의 법칙

3퍼센트가 될 것인가
97퍼센트가 될 것인가 당신이 만약 다이어트에 성공한 사람에게 이렇게 질문한다고 가정해보겠습니다.

"규칙적인 식사와 운동만으로 다이어트에 성공할 수 있습니까?"

다이어트에 성공한 사람은 뭐라고 답할까요? 아마 어이가 없다는 듯 이렇게 답할 것입니다.

"당연한 거 아닌가요? 그거 말고 다른 방법이 있나요?"

하루 1번 목표를 말하는 습관

그럼 부를 이룬 사람들에게 이렇게 질문한다고 가정해보겠습니다. 당신은 다음과 같이 말합니다.

"성공하기 위해서는 목표를 종이에 적어야 합니까?"

그러면 그들은 아마도 황당한 표정을 지으며 이렇게 대답할 것입니다.

"아니, 목표를 종이에 적지 않고 어떻게 성공한다는 거죠?"

이것 또한 저의 개인적인 주장이 아닙니다. 세계 최고의 금융회사인 골드만 삭스와 전 세계 비즈니스맨들이 꿈꾼다는 맥킨지에서 근무한 도쓰카 다카마사는 직급이 더 높은 사람일수록 노트를 잘 활용한다고 자신의 책 『세계 최고의 인재들은 왜 기본에 집중할까』에서 밝힌 바 있습니다. 다시 말해 경제적으로 성공한 사람일수록 자신의 목표를 메모하는 습관이 있다는 뜻입니다.

16년간 퍼스트클래스 승객들을 관찰했던 승무원이 있었습니다. 이 승무원은 퍼스트클래스 승객들에게는 공통된 습관이 있다는 것을 알게 되었는데 그것이 바로 메모 습관이었습니다. 그들은 다른 물건들은 따로 보관하더라도 노트와 펜을 늘 챙겨서 가지고 다녔다고 합니다. 저는 그것이 어떤 마음인지 대략 느낄 수 있습니다. 자신의 꿈 목록, 목표 목록과 수많은 아이디어가 적혀 있는 수첩을 어떻게 아무렇게나 보관하겠습니까?

실제로 미래를 위해 목표를 세운 사람은 1000명 중 200명에 불과하고, 그 목표를 종이에 직접 적는 사람은 1000명 중 단 3명에 불과하다고 합니다. 이 말은, 즉 당신이 지금 당장 메모지에 목표를 적기만 해도 상위 그룹에 속할 수 있다는 말입니다.

한 가지 재미있는 사실이 있습니다. 일반적으로 300석 비행기의 경우 퍼스트클래스 좌석은 아홉 석인 경우가 많다고 합니다. 300석 중 아홉 석은 전체 좌석 수의 약 3퍼센트입니다. 다시 말해 3퍼센트의 사람만이 자신의 꿈을 이룬 사람들이라고 말할 수 있다는 거죠(어디까지나 자기계발의 관점에서 이야기하고 있습니다).

하루 1번 목표를 말하는 습관

정보의 양보다
뚜렷한 목표가 중요하다

"종이 위에 목표를 적어봐. 분명히 이전과는 다른 삶을 살게 될 거야!"라고 이야기했을 때 사람들의 반응은 대체로 냉소적입니다. 대수롭지 않게 받아들이거나 콧방귀를 뀌는 사람도 많습니다. 하지만 다시 한 번 생각해보세요. 자신이 직접 손으로 적은 목표를 증명하기 위해 날마다 뭔가 한 가지씩 실행에 옮기는 사람의 인생과 그렇지 않은 사람의 인생이 같을 수 있을까요? 다른 건 몰라도 날마다 뭔가를 하는 사람에게는 성공할 수 있는 기회가 더 많이 주어질 겁니다. 기회가 많을수록 확률적으로 일이 성사될 가능성이 높아지는 것은 당연한 이치이기 때문입니다.

이루지 못한 꿈, 하고 싶지만 하지 못했던 일이 있음에도 불구하고 왜 구체적인 계획 없이 하루, 한 달, 1년을 보내고 후회와 자괴감을 반복하는 걸까요?

우리는 원하든 원치 않든 하루에도 수많은 정보에 휩싸인 채 살아가고 있습니다. 정보의 양은 어마어마하게 틀어놓은 물줄기처럼 정신없이 쏟아져 내려 흩어지고 맙니다. 하지만 목표만 뚜렷하다면 한 방울의 물이든, 엄청난 폭포수든 정확하게 그 위치에 떨어질 수 있습니다. 지금 이 순간도 시간이 흐르고 있습니다. 앞으로 5년 후, 10년 후는 어찌 됐건 다가올 겁니다. 10년 뒤 당신은 어떤 모습일까요? 만약 지금부터 당신이 목표를 종이에 적기만 한다면 당신의 10년 뒤는 반드시 바뀝니다. 하지만 그렇지 않다면 당신은 지금보다 더 비참해질 수도 있습니다. 아니, 그럴 수밖에 없습니다. 앞으로 10년 후는 오늘날보다 더 빠르게 발전하는 사회일 것이기 때문입니다. 그러니 지금 이 책을 읽고 있는 당신만큼은 다른 보통 사람들처럼 이 성공 비법을 소홀히 대해서는 안 됩니다. 냉정하게 자신을 돌아보세요. 그리고 성공한 사람들의 인생을 아무런 편견 없이 가슴으로 느껴보세요.

**나의 변화는 메모에서부터
시작되었다**

『메모 습관의 힘』의 저자 신정철 씨는 평범한 생활을 하던 10년차 직장인이었습니다. 그도 남들처럼 회사에 출근했다가 퇴근하고 돌아오면 텔레비전을 보면서 시간을 보냈고, 주말이면 게임을 하거나 친구들과 술자리를 가졌습니다. 그러나 시간이 지나면서 '나는 뭐 하고 있나' 하는 자괴감이 들기 시작했습니다. 자신의 꿈을 찾을 시기가 되면 누구에게나 찾아오는 순간입니다. 그는 그런 자신의 모습을 직시하면서 몇 가지 목표를 다음과 같이 적기 시작했습니다.

- 글을 잘 쓰고 싶다.
- 나만의 콘텐츠를 만들고 싶다.
- 책을 쓰고 싶다.
- 창의적인 사람이 되고 싶다.

신기하게도 이 바람들은 3년 후 모두 이루어졌습니다. 그는 글 쓰는 사람이 되었고, 자신만의 콘텐츠를 만들어 블로그 활동을 하고 있으며, 책을 출간했고, 창의적인 사람이 되었습니다. 어떻게 이렇게 변화할 수 있었는지에 대해 그는 이렇게 답했습니다.

"이 모든 변화는 서서히 일어났는데, 정확히 노트에

메모하면서부터 시작되었다."

자, 이제는 당신 차례입니다. 당신의 꿈은 반드시 이루어져야 합니다. 그 시작은 당신의 꿈을 적는 것입니다.

상상의 블랙홀 속으로 사라지지 않게 하라

디자인 지도자라 불리는 김영세 대표는 1년에 열두 번 한국과 미국을 오가는데 비행기 안에서 가장 많이 찾는 것이 바로 냅킨입니다. 한 번은 비행 도중 승무원이 정중하게 인사한 후 그에게 선물을 건넸습니다. 그는 집으로 돌아와 가족들과 함께 포장지를 풀었는데 누가 먼저랄 것도 없이 깔깔대고 웃었다고 합니다. 그 이유는 선물 상자 안에 차곡차곡 스케치북이 쌓여 있었기 때문입니다. 그가 비행 도중 승무원에게 얼마나 자주 종이와 냅킨을 찾았는지 짐작할 수 있습니다. 그는 종이에 자신의 생각을 담아내는 것이 누구보다 중요하다고 생각하는 사람입니다. 다음과 같은 말을 들어보면 알 수 있습니다.

'스케치만으로도 어떤 때는 내 머릿속에 정리된 아

이디어를 줄줄 풀어내어 하나의 완벽한 상품으로 만들어내기도 한다. 실제로 그동안 진행한 수많은 디자인 프로젝트들 중에는 기내에서 냅킨이나 메모지에 스케치한 아이디어들이 출발점이 된 경우가 많다. (…) 그러다 어느 순간, 종이와 펜이 필요한 바로 그 순간에 그것이 없어서 낭패를 보는 때가 오기 마련이다. (…) 지금 바로 종이 위에 옮겨놓지 않으면 모든 생각이 상상의 블랙홀로 빨려들어 사라져버릴 것 같은 두려움에 빠지게 되는 것이다.'[23]

그는 메모하지 못할 때의 느낌을 '옮겨 적지 않으면 상상의 블랙홀 속으로 사라져버릴 것 같은 두려움'이라고 표현했습니다. 물론, 당신은 이렇게 반문할 수도 있습니다.

"그분은 직업상 창의적인 업무를 해야 하니까 그러는 게 당연한 거 아닌가요?"

하지만 조금만 생각해보면 금방 알 수 있습니다. 가치는 생각에서 오고 그 생각은 반드시 종이 위에 적힐 때 실존할 수 있다는 것을. 결국 가치를 얻기 위해서는 반드시 창의적인 사람, 즉 목표를 적는 사람이 되어야 한다는 의미입니다. 놀랍지 않습니까? 단지 종이에 목표를 적는 행동이 이렇게 큰 변화를 불러일으킬 수 있다는 것이 말입니다.

여기까지 읽었음에도 목표 적기가 유치한 행동이라 생각하십니까? 그렇다면 당신이 지금까지 수없이 되새기며 다짐했던 목표들. 그것들은 현재 어디에 있습니까? 상상이란 블랙홀 속으로 빨려 들어간 것은 아닌가요? 만일 그렇다면 당장 다시 끄집어내야 합니다. 그렇다고 무력의 힘을 사용한다거나 명상을 통해 무언가를 깨우칠 필요는 없습니다. 그저 당신이 다짐했던 목표들을 끄집어내서 종이에 한 번 적어보면 됩니다. 그리고 지속적이고 반복적으로 종이에 적힌 것을 확인해보세요. 아마 넘치는 아이디어를 주체하지 못하는 놀라운 경험을 하게 될 겁니다.

아이템 150개
메모지의 위력

당신 손에는 지금 달랑 30만 원이 전부입니다. 매달 쓸 수 있는 생활비가 아니라 전 재산 말입니다. 빈부의 격차는 날로 심해지고 있고, 공정성을 기대하기는 사실상 어려운 상황이라면 당신은 현실을 원망하며 부모를 탓하겠습니까, 아니면 현실을 직시하고 스스로의 삶을 바꾸기 위해 노력하겠습니까? 노숙을 하던 한 청년이 있었습니다. 어느 날, 그는 갑자기 등이 시원해지는 느낌이 들어 벌떡 일어났습니다. 곯아떨어진 상태에서 비를 맞고 있다는 걸 알아차린 것이죠. 그 순간 그는 자신의 처지가 너무 서럽게 느껴졌습니다. 그러자 어디론가 전화를 걸어 평생 누군가의 가슴에 비수를 꽂는 말을 하기 시작했습니다.

"엄마, 나를 왜 이렇게 가난하게 만들었어!"

"난, 돈도 없고, 빽도 없고 이게 뭐야?"

"세상이 다 거지 같아!"

그는 세상이 무너질 것 같은 느낌을 여러 번 맛본 상태였습니다. 개그맨이 되고 싶었던 그가 서울로 올라왔을 때 가진 돈은 단돈 30만 원. 그에게는 누구보다 멋진 개그맨이 되겠다는 꿈이 있었지만 MBC 개그맨 시험에 네 번, KBS 개그맨 시험에도 세 번을 낙방했고 백제대 방송연예과 세 번, 서울예전 연극과 여섯 번, 전주

우석대, 서일대, 명지대……. 모든 곳에서 낙방했기 때문입니다. 그는 수면제를 모았고, 건물 옥상 난간에 섰습니다.

먼저 밝히자면 이것은 개그맨 김병만 씨의 무명 시절 이야기입니다. 그는 보증금조차 없는 월 12만 원짜리 창고로 쓰던 옥탑방에서 지냈습니다. 겨울에는 천장에 고드름이 달려 있는 방에서 잠을 자야 했는데 전기장판을 제외하면 방 안의 온도는 바깥 공기처럼 영하였습니다. 그런 날이면 술 한잔이 생각났습니다. 하지만 방세와 교통비를 빼면 밥값도 모자랐기 때문에 참아야 했습니다. 돈은 없는데 술 생각이 계속 나자 그는 빈 병을 주워 모아 소주와 바꿔 마셨습니다. 그런 자신의 처지가 한심스러워 안주도 없는 깡술을 마시면서 눈물을 줄줄 흘렸습니다. 하지만 그는 꿈을 포기하지 않았습니다. 돈이 없다는 이유로, 힘들다는 이유로 포기하지 않았습니다. 그럴 때면 오히려 더욱 참신하고 독특한 개그 아이디어를 생각하기 위해 노력했고 생각이 나는 즉시 자신의 수첩에 메모하기 시작했습니다. 그리고 옥상 위에서 저 멀리 희미하게 보이는 방송사

불빛에 대고 이렇게 소리쳤습니다.

"내가 지금은 여기서 너를 보지만, 언젠가는 거기서 여기를 볼 날이 올 것이다. 반드시!"

그는 몇 년간의 암울한 생활을 보내다 드디어 개그 콘서트 오디션 기회를 얻었습니다. 그는 기필코 웃기 겠다는 각오로 마침내 그날 오디션에 참여한 감독과 기라성 같은 선배들의 폭소를 자아냈습니다. 그러자 감독이 김병만 씨에게 물었습니다.

"이런 아이템이 몇 개나 있나요?"

김병만 씨는 차분하게 대답했습니다.

"150개 있습니다."

그러자 감독은 믿을 수 없다는 듯 말했습니다.

"에이, 거짓말."

"여기 다 적어놨습니다."

김병만 씨는 평상시에도 생각나는 즉시 메모하는 습 관 덕분에 150번까지 기록된 아이템 메모지를 감독에 게 보여줄 수 있었습니다. 그걸 본 감독은 소리를 질렀 습니다.

"녹화 뜨자!"

무명이었던 김병만 씨는 빼곡하게 적혀 있는 자신의 개그 노트를 교과서 삼아 무대를 준비했습니다. 코너와 코너 사이에 방청객이 지루하지 않게 쉬어가는 타임코너 분량이었던 개그콘서트 '달인'은 그렇게 태어난 이후 4년 동안 국민적 사랑을 받았고, 김병만 씨는 연예대상을 두 번이나 수상하는 최고의 개그맨이 되었습니다. 그런데 한번 생각해보세요. 옥상에서 끊임없이 자신의 꿈을 외치는 사람이, 수첩에 빼곡하게 자신의 아이디어와 꿈을 적는 사람이, 어떻게 성공하지 않을 수 있겠습니까?

**떠올라서 적는 게 아니라,
적으면 떠오른다**

이 책을 쓰면서 많은 이들에게 물어보았습니다. 아이디어를 얻거나 목표를 이루기 위해 종이에 그것을 적어본 적이 있느냐고. 그 소리를 들은 지인들은 하나같이 다음과 비슷한 반응을 보였습니다.

"적긴 뭘 적어. 아이디어 같은 건 떠오르지도 않아.

지금까지 그런 적도 없었고."

그러나 제가 보기에는 아이디어가 없어서 적지 않는 게 아니라 적지 않아서 아이디어가 떠오르지 않는 것입니다. 왜냐하면 아이디어란 기본적으로 내가 이루려는 목적을 계속해서 얻고자 생각할 때 생겨나는 것이기 때문입니다. 그 가운데서 떠오르는 생각들은 쉽게 사라지기 때문에 언제나 수첩이나 노트 등에 적어두어야 합니다. 그것을 바탕으로 정밀하게 관찰하고, 보완하고, 생각하면서 더욱더 견고한 아이디어가 실물로 탄생하는 것입니다.

제가 좋아하는 일본의 베스트셀러 작가 나카타니 아키히로는 일주일에 책 한 권을 쓰는 그야말로 괴물 같은 사람입니다. 그는 한국과 일본에서 동시에 베스트셀러가 되는 책을 쓰기도 했죠. 저는 처음부터 그가 타고난 천재라고만 생각했습니다. 한 사람이 800권이 넘는 책을 쓴다는 것이 물리적으로 불가능한 것이기 때문이었습니다. 그러나 그는 출판사들로부터 10년 가까이 꾸준히 퇴짜를 맞을 정도로 본래 글쓰기에 소질이 없던 사람이었습니다. 그런 그가 병적으로 집착한 습관이 하나 있었는데, 그것이 바로 메모 습관입니다. 그는 자신이 그 많은 책을 쓸 수 있었던 배경에 대해서 이렇게 말했습니다.

"일하면서 항상 메모하는 습관을 가졌고 그러면서 쓴 글이 책이 됐다. 내 책은 곧 일기나 마찬가지다."

하루 1번 목표를 말하는 습관

3장

명사들의
5가지
성공 기법

가장 큰 문제는 당신이 지금
그 모험을 진정으로 원한다고
말할 수 있는가 하는 것이다.
_조지프 캠벨

보물지도 성공 기법

**네 방에 보물지도를
그려라**

서른여섯 살까지 이렇다 할 경력
도 없었던 한 남자가 있습니다. 그의 이름은 모치즈키
도시타카. 회사에서는 해고를 당했고 빚마저 지고 있
습니다. 실제로 이런 처지의 사람들은 우리 주위에 어
디서나 쉽게 찾아볼 수 있습니다. 해고를 당한 뒤 자영
업을 시작해 얼마 못 가 빚만 지고 거의 빈민 수준으로
전락한 형들, 이십 대 후반이 되어서도 취직자리를 구
하기 위해 동분서주하면서 아르바이트로 연명하는 동

생들, 집에 눈치가 보인다며 고시원이나 원룸으로 철새처럼 이동하며 사는 친구들. 이들에게 희망이라는 단어는 과연 어떤 의미일까요? 아마도 잔악무도한 현실의 상황을 고려해보자면 그들은 이렇게 대답할 겁니다.

"먹고살기도 힘든 마당에 희망은 무슨 놈의 희망!"

아마 수많은 사람들이 이처럼 절망적인 생각으로 지옥 같은 나날을 간신히 버텨내고 있는지도 모릅니다. 그러는 사이 자신에게 가장 소중했던 꿈, 목표, 희망 등의 가치를 잊어버리고 편법, 이기심, 두려움에 젖어갔는지도 모릅니다. 이 남자도 그런 사람 중 하나였습니다. 절망에 빠진 그는 부정적인 감정에 휩싸였고 꿈을 적는다고 해서 미래가 달라질 거라고 생각하지 않았습니다. 하지만 질퍽거리는 현실에서 탈출할 뾰족한 수가 없었던 그는 "그냥 재미 삼아 한번 해보지 뭐!"라는 생각으로 목표 적기를 시작했습니다. 그 당시 연 수입이 2000만 원 이하였던 그는 연 수입 1억 2000만 원을 목표로 적었습니다. 또 이상형과 결혼하기, 세미나실이 딸린 집 장만하기, 책 출판하기 등을 목표 목록으로 적었습니다.

그런데 놀라운 일이 벌어졌습니다. 3년 뒤 그가 적었던 목표 목록이 전부 현실이 되었기 때문입니다. 그는 자신의 책 『보물지도』에 자세한 비법을 공개하였는데 그것은 자신이 원하는 것들을 사진으로 구해 코르크보드 판에 붙여두는 것이었습니다. 사실 이 비법은 수십 년 전 이미 〈노틸러스 매거진Nautilus Magazine〉이라는 잡지에 소개된 것이었습니다. 이 잡지에서는 '보물지도로 소원을 이룬 나'라는 주제로 성공 사례를 모아 상을 주었습니다.

최고상을 수상한 캐롤라인 드레이크라는 여성은 남편이 죽자 자식 세 명과 함께 빈털터리가 되었던 사람입니다. 집세 낼 돈이 없어 이미 집을 비워달라는 통보까지 받은 상태였습니다. 그런데 그녀는 잡지에 소개된 대로 보물지도를 만들어서 그대로 실천했습니다. 큰 종이에 내가 살고 싶은 집을 붙이고 작은 상점 사진도 붙이고 성공, 행복, 조화 등에 관한 격언과 모토를 적어놓았습니다.

그렇게 완성된 보물지도를 침대에서 정면으로 보이

는 벽에 붙여두었습니다. 틈날 때마다 보기 위해서였죠. 그리고 실제로 그녀가 붙여둔 사진들이 현실화되기까지는 그리 오랜 시간이 걸리지 않았습니다. 여기서 소개하고 있는 '보물지도 만들기'는 그리 거창한 것이 아닙니다. 우리 주변에 있는 소품을 활용해 얼마든지 만들 수 있습니다. 그 실행 방법은 다음과 같습니다.

• 1단계

코르크보드 판(꼭 코르크보드 판이 아니어도 상관없습니다)을 구입해 맨 위에 당신만의 캐치프레이즈를 넣어 꾸밉니다. 예를 들면 '반드시 나의 것이 되는 보물지도'라고 적어 기필코 내 것으로 만들겠다는 다짐을 표현하는 겁니다.

• 2단계

가능하면 보드판 한가운데 당신이 누구보다 사랑하는 사람들의 사진을 붙여놓습니다. 가족이나 친구, 애인 등의 사진을 붙여 목표를 성취했을 때 그들의 행복한 미소를 떠올려보는 것입니다.

하루 1번 목표를 말하는 습관

• 3단계

구체적으로 갖고 싶거나 이루고 싶은 것들을 붙입니다. 잡지와 카탈로그를 오려내어 사진 주변에 배치합니다. 배치 방법은 따로 없지만 제가 실천해본 결과 보드판 왼쪽에서 오른쪽 순으로 가장 먼저 성취하고 싶은 것을 붙이는 것이 효과적입니다. 한국 사람들은 왼쪽에서 오른쪽으로 인식하는 것이 습관화되어 있습니다. 그러니 지금 당장 실천해야 하는 것이나 가장 중요한 사진을 왼쪽에 붙이는 것이 좋습니다.

• 4단계

더욱 명확한 목표 달성을 위해 사진 옆에 포스트잇 등으로 목표 달성 기한을 반드시 적어두고 좀 더 명확하고 구체적인 실행 방법을 적어보세요. 하루빨리 실천하고 싶은 생각이 들 겁니다.

• 5단계

목표를 성취한다면 내가 가장 사랑하는 사람들이 얼마나 행복해할지 그 느낌을 적습니다. 저 같은 경우는 가족들이 '대견하다', '너무 멋지다' 등의 말들을 해주리라 상상하며 적었

고, 실제로 그것을 볼 때마다 마음이 흐뭇해져 하루빨리 목
표를 이루고 싶어 했던 기억이 납니다.

• 6단계

완성되면 가장 눈에 띄는 장소에 붙여둡니다. 그리고 처음에
는 의식적으로 바라보는 연습을 해야 합니다. 휴대폰으로 찍
어 수시로 본다면 더욱 효과적입니다.

하루 1번 목표를 말하는 습관

ABCDE 성공 기법

**A를 끝내기 전에
B를 시작하지 마라**

브라이언 트레이시는 학력도 변변치 못한 말단 샐러리맨이었습니다. 그런 그가 성공한 동료를 찾아가 성공 비법을 전수받은 뒤 1년도 지나지 않아 판매왕이 되었습니다. 이후 판매 부장이 되었고, 다시 1년 만에 95개의 법인을 책임지는 부사장이 되었습니다. 그의 나이 불과 스물다섯 살에 말이죠.

하지만 그도 처음에 목표 적기를 실천했을 때는 번번이 실패를 반복했습니다. 그 이유는 바로 현재 상황에서는 도저히 이룰 수 없는 너무 무리한 목표를 설정했기 때문입니다. 쉽게 말하면 말단 사원이 부사장을 목표로 설정한 셈입니다. 그는 여러 달이 지나도 진전이 없자 목표를 수정하기 시작했습니다.

그리고 그 이후 평사원에서 판매왕으로, 판매왕에서 부장으로, 부장에서 부사장으로 점차 목표를 이루어나 갑니다. 지금은 전 세계 수많은 곳에서 동기부여 강사로 활동하고 있는 그는 ABCDE 성공 기법을 가르치고 있는데 그 내용을 크게 보면 다음과 같습니다.

A : 가장 중요한 일

B : 차선의 일

C : 해도 안 해도 상관없는 일

D : 누군가 대신해줄 수 있는 일

E : 가능한 한 빨리 없앨 수 있는 일

구체적인 실행 방법을 설명하자면 다음과 같습니다. 당신이 생각하는 모든 목표를 종이 위에 적어봅니다. 수많은 목표들 중 가장 최우선순위(A) 항목을 정해보세요. 당신의 최우선순위가 만약 새롭게 시작하는 사업이라고 가정해본다면 다른 종이 한 장을 더 꺼내어 종이 상단에 'A: ○○○사업'이라고 적어보세요. 그리고 그에 필요한 요소들을 우선순위에 따라 적습니다. 예를 들면 다음과 같습니다.

A-1: 사업 자금 확보

A-2: 거래처 등의 공급 기반 확보

A-3: 사무실, 직원 등 운영 기반 확보

......

......

......

언제나 A-1을 마무리하고 나서 A-2를 시작해야 합니다. 그래야만 당신이 선택한 가장 중요한 일을 막힘없이 우선순위에 따라 착실하게 진행할 수 있습니다. B는 A보다 나중에 처리해도 되는 일들을 의미합니다. 예를 들어 A가 준비되지 않은 상태에서 미리 있지도 않은 사무실에 들어갈 집기류를 먼저 구입한다든지, 사무용 가구를 미리 결제하는 일들입니다. A가 마무리되기 전까지 B가 A를 앞서가는 상황을 만들면 안 됩니다. 해도 안 해도 당신 삶에 전혀 지장이 없는 일들은 무엇이 있을까요? C는 바로 그런 일들을 의미합니다. 그런 일들 중에는 쓸데없는 사람들과 술 마시기, 오락하기, 잡담하기 등이 있습니다. 이런 일들이 A와 B의 영역에 절대로 침범하지 못하도록 해야 합니다. 참고로 세부적으로 하루의 목표 목록까지 정해서 실행하면 절대로 어길 일이 없습니다.

D는 내가 할 일과 다른 누군가가 할 수 있는 일을 명확히 구분함으로써 최상위 목록에 집중하는 시간을 더욱 확보하고 실행하는 것입니다. 모든 일을 잘 해내겠다며 전혀 중요하지 않은 일들을 처리하느라 에너지를 낭비하지 마세요. 당신도 매일 습관적으로 하는 행동을 목록으로 적다 보면 눈치채게 될 겁니다. 지금까지 얼마나 쓸데없는 곳에 시간을 낭비하며 살아왔는지를 말입니다.

E는 더 많은 시간에 집중할 수 있도록 가치가 없거나 빨리 끝낼 수 있는 일들을 최대한 빨리 처리하는 것

하루 1번 목표를 말하는 습관

입니다. 여기서 가장 중요한 것은 항상 A를 달성하기 위한 행동을 시작해야 한다는 것입니다. 모든 것을 계획대로 실행하세요. 목표 목록에서부터 하루, 한 주, 한 달, 1년 계획의 세부 목록이 파생됩니다. 항상 그 영역 안에서 움직이는 습관을 들여야 합니다. 당신이 이 목록을 진심으로 작성한다면, 또한 반드시 이루겠다는 결심으로 실행한다면 머지않아 당신의 A항목 전부를 이루게 될 겁니다.

자수성가한 사람들의 두 가지 공통점

당신은 '성실함만 따진다면 나를 따라올 자가 없다'고 생각하는 사람인가요? 만약 그렇다면 왜 성공은 당신이 아닌 다른 사람 몫이 되었을까요? 혹시 당신이 굳이 하지 않아도 될 일을 누구보다 성실하게 수행하고 있는 건 아닐까요?

성공한 이들은 지금 이 순간에도 우선순위에 따라 행동하고 있습니다. 그렇게 해야만 이 잔악무도한 세상에서 우뚝 설 수 있다는 것을 알고 있는 겁니다. 이

ABCDE 기법은 제가 목표 적기를 시작했을 때 가장 먼저 실천했던 방법이기도 합니다. 단지 종이에 오늘 해야 할 일들이 적혀 있다는 것만으로도 하루를 알차게 보낼 수 있을 거라는 확신이 들었습니다. 그리고 실제 계획에 따라 하루를 보냈습니다. 현재 회사 업무 그리고 목표로 삼고 있는 다른 많은 일들 사이에서 균형을 찾기 위해서는 이 기법이 꼭 필요합니다.

토머스 스탠리 교수는 '자수성가'한 백만장자들에게 어떤 공통점이 있는지 조사한 사람입니다. 그는 수많은 연구 끝에 한 가지 분명한 사실을 밝혀냈는데, 그들이 보통 사람들보다 훨씬 많은 시간 동안 일한다는 것이었습니다. 그의 연구에 의하면 '자수성가'한 백만장자들은 일주일에 평균 59시간 이상을 일한다고 합니다. 물론, 이것은 평균 수치에 불과합니다. 그리고 절대적인 기준이 될 수도 없습니다. 왜냐하면 우리나라에는 일주일에 어림잡아 80시간 이상을 일하는 사람들이 수두룩하기 때문입니다. 그러나 그렇게 일한다고 해서 모두 '자수성가'하는 것은 아니지 않습니까.

그런데 그들에게는 또 다른 한 가지 공통점이 있었

　　　　　　　　하루 1번 목표를 말하는 습관

습니다. 그것은 다름 아닌 '목표 목록'이 있다는 것이었습니다. 만약 당신이 그 누구보다 부지런하고 성실하게 살고 있다고 자부하지만 뭔가 뜻을 이루지 못하고 있다는 생각이 든다면 이 지점을 심각하게 받아들여야 합니다. 당신은 그 누구보다 열심히 살았지만, 지금까지 뚜렷한 목표에 집중할 수 있는 수단과 방법을 몰랐던 것입니다. 그렇기 때문에 동료들과 잡담으로 시간을 보내고, 쉬는 날이면 여지없이 10시간씩 자곤 했던 것입니다.

출근해서 퇴근할 때까지 열심히 일에만 매달리는 사람은 전체의 5퍼센트에 불과하다는 통계가 있습니다. 그러나 더 중요한 사실은 주당 80시간 이상을 일해도 명확한 목표가 없는 사람은 가장 중요한 A를 제쳐둔 채 나머지 B, C, D, E에만 집중하고 있다는 것이 핵심 포인트입니다. 그러니까 자수성가한 백만장자란 평균 59시간을 일하면서도 끝까지 자신의 목표에 부합하는 'A, B, C, D, E 성공 기법'을 실천한 사람입니다. 그들이 바로 소수 5퍼센트에 해당하는 성공자들인 것입니다.

마인드맵 성공 기법

천재들의 노트법

역사상 위대한 천재들의 노트를 살펴보면 이미지와 단어를 함께 이용해 좀 더 구체적이고 명확한 목표들이 작성되어 있었습니다. 예전에는 이렇듯 글과 그림이 함께 들어 있는 노트의 효용성에 대해서 큰 의미 부여를 하지 않았습니다. 그러나 시간이 지나면서 글과 그림을 조합해서 메모했을 때 뇌가 훨씬 더 정확하고 오래 기억한다는 사실이 밝혀졌습니다.

영국의 한 교육 심리학자는 다 빈치의 메모에서 이

하루 1번 목표를 말하는 습관

와 같은 사실을 눈치채고 큰 영감을 받았습니다. 이것이야말로 인간이 원하는 것을 성취하기 위해 반드시 필요한 사고 툴thought tool이란 것을 깨달았기 때문이죠. 그는 좀 더 쉽고 간단하게 사고 시스템을 만들 수 있도록 천재들의 노트법을 분석하기 시작했습니다. 그리하여 그 유명한 '마인드맵mind map'이 탄생하게 되는데, 이것을 만든 사람이 바로 두뇌 학습 분야의 권위자, 토니 부잔입니다. 그가 쓴 책은 전 세계 100개국 이상에서 번역되어 밀리언셀러가 되었고, 그에게 경영 자문을 맡긴 회사는 마이크로소프트, 오라클, 제너럴모터스, IBM 등 세계 굴지의 기업들입니다. 즉 마인드맵은 두뇌를 어떻게 사용하는 것이 가장 효율적인지 연구하고 실험해서 밝혀낸 과학적으로 검증된 성공 비법이라는 것을 알 수 있습니다.

**인간의 뇌는 인간이 상상할 수
없을 만큼 불가사의하다**
　　　　　　　　　　토니 부잔이 수많은 연구를 통해 개발한 마인드맵은 이미 많은 천재들이 사용했던 창의적인 사고의 핵심입니다. 그들은 이미 남들과 다른 시선으로 세상을 바라보는 방법을 알고 있었던 거죠. 이 말은 만약 그가 개발한 마인드맵을 잘 활용할 수만 있다면 천재적인 사고를 시작할 수 있다는 뜻이기도 합니다. 마인드맵이란 목표를 구체적으로 계획하고 연상화하는 방법인데 자신의 삶에 적용하여 실제로 놀라운 효과를 본 사례를 소개할까 합니다.

여기 에드워드 휴라는 고등학생이 있습니다. 에드워드는 케임브리지 대학에 가고 싶었습니다. 당신도 알고 있는 세계 최고의 명문대 케임브리지 대학 말입니다. 그러나 그의 성적으로 케임브리지 대학에 간다는 건 사실 말도 안 되는 허황된 꿈이었습니다. 그의 성적은 형편없었기 때문입니다. 마치 반에서 꼴찌하는 우리나라 고3 수험생이 서울대에 가겠다고 하는 것과 같았습니다. 어쨌든 그는 꼭 케임브리지 대학에 가고 싶었습니다. 그런 그가 안타까웠는지 아버지는 마인드맵을 소개해주었습니다. 그런데 마인드맵을 알게 된 이후 에드워드는 자신의 내면에 뭔가 스스로도 알지 못했던 강렬한 에너지가 생겨나고 있다는 것을 직감할

하루 1번 목표를 말하는 습관

수 있었습니다. 그것은 자신이 목표로 하는 케임브리지 대학에 꼭 갈 수 있을 거라는 확신으로 이어졌습니다. 그러자 그는 친구들과 선생님들 앞에서 확고하게 자신의 목표에 대해 이야기했습니다. 그 말을 들은 사람들의 반응은 어땠을까요? 누구나 상상할 수 있는 바와 같이 다들 어이가 없다는 표정으로 차갑게 말했습니다.

"에드워드, 농담하는 거지? 그 성적으로 도대체 왜 그렇게 케임브리지 대학에 집착하는 거야? 네가 아무리 원한다고 해도 현실은 냉정하게 봐야 하지 않겠니. 제발 그만 정신 차려!"

C학점이 가득한 성적인 그에게 선생님들의 반응은 냉정했습니다. 하지만 에드워드는 이미 이전과는 달라져 있었습니다. 그의 내면에는 이미 '나는 케임브리지 대학에 들어갈 수 있다'는 확신이 있었기 때문이죠. 그렇다면 과연 그 이후 그에게는 무슨 일이 일어났을까요?

거짓말처럼 그는 최우수 성적으로 케임브리지 대학에 입학한 것은 물론이고, 유럽에서 가장 큰 청년기업

가협회까지 설립했습니다. 도대체 어떻게 이런 일이 가능할 수 있었을까요? 그 비법을 묻는 질문에 에드워드는 이렇게 답했습니다.

"A학점을 받는 방법을 알기 전에는 저도 C학점을 받는 학생이었습니다. 하지만 저는 생각하는 방법을 터득한 이후, 그대로 실천했을 뿐입니다. 누구나 할 수 있는 것을 말이죠!"

에드워드가 말하는 A학점을 받는 방법, 즉 '생각하는 방법'은 의외로 간단했습니다. 바로 목표를 구체적으로 설정한 뒤 목표를 달성하기 위한 아이디어(생각)를 꼬리에 꼬리를 무는 방식으로 끊임없이 연상화해내는 방법을 말합니다. 토니 부잔은 수많은 실험과 연구 끝에 인간의 두뇌에 대해서 이렇게 결론 내린 적이 있습니다.

첫째, 현재 인간의 노력으로 알아낸 것은 두뇌가 생각했던 것보다 훨씬 더 불가사의하다는 점이다.

둘째, 소위 '평범한 두뇌'를 가진 사람들이 생각했던 것보다 훨씬 더 큰 잠재 능력을 가지고 있다.

한마디로 인간의 뇌는 감히 인간이 범접할 수 없는 아주 복잡한 구성으로 되어 있는데 단순히 어떤 사람을 그가 지금까지 살아온 환경만으로 재단하고 판단할 수 없다는 겁니다. 어떻습니까? 평범한 뇌를 가진 우리에게도 큰 희망을 주는 메시지 아닌가요?

만약 지금까지 당신이 뭔가 스스로를 증명할 만한 결과물을 내지 못한 채 살아왔다면 지금 당장이라도 당신만의 노트를 준비해 마인드맵을 작성해보세요. 그렇다고 어떤 거창하고 비싼 노트를 새로 살 필요는 없습니다. 방 안 책장 깊숙한 곳에 꽂아두었던 안 쓰는 공책이라 할지라도 전혀 상관없습니다.

처음에는 단순하게 당신이 하고 싶은, 혹은 이루고 싶은 목표를 적으세요. 그리고 그다음으로는 그 근거를 모두 적어보세요. 그러고 나서 그중에서도 가장 빨리 증명해낼 수 있는 행동의 우선순위를 정해서 순차적으로 다시 적으시면 됩니다. 거기까지 가능했다면 이제부터는 실행하는 일만 남았습니다. 맨 위에 있는 것부터 몸소 실천하는 것을 연습하세요. 이것이 다름 아닌 마인드맵의 절차입니다. 사실 지금까지 이야기했던 목표를 적고 말하는 습관과 그다지 다르지 않다는 점이 더 놀랍지 않습니까? 하루, 한 달, 1년, 5년의 목표를 각각 나누어 '마인드맵'해보세요. 이렇게 하는 것을 완전히 자신의 것으로 만들어 습관화한다면 조만간 당신에게는 수많은 좋은 기회들이 생겨날 겁니다. 준비된 자만이 그 기회를 이용해 성공으로 이끌어나갈 수 있습니다.

스토리보드 성공 기법

**여러 장에 각각의
목표를 적어라**

　　　　　　　　목표 적기는 사실 어떠한 방식이라
도 상관없습니다. 수첩, 다이어리, 연습장, 달력, 포스
트잇 등 내가 자주 볼 수 있고 또 원하는 곳에 목표를
큼지막하게 적는 것만으로도 큰 효과를 볼 수 있기 때
문입니다. 지속적이고 반복적이라면 그 효과는 배가
되는 것이지요.

　스토리보드 성공 기법의 원조는 월트 디즈니입니다.
스토리보드라는 것은 애니메이션이나 영화를 만들기

전, 그림을 이용하여 시각적으로 좀 더 구체적인 내용을 확인할 수 있도록 정리해놓은 것을 말합니다. 그렇다면 디즈니는 어떻게 이 스토리보드를 생각해냈을까요? 디즈니는 영화를 찍을 때도 디즈니랜드를 세울 때도, 그 어떤 프로젝트를 진행할 때도 미리 모든 것을 시각화하는 습관이 있었습니다. 그것이 머릿속에서 생생하다 싶을 정도로 진행되면 전체 스토리를 차근차근 미리 그려놓는 거죠. 물론 이 방법은 저처럼 지극히 평범한 그림 실력을 가진 사람이 시도하기에는 무리가 있습니다. 디즈니는 자신이 생각한 것을 그림으로 표현하는 데 천부적인 재능이 있는 사람이기 때문입니다. 머릿속에 떠오른 이미지를 그림으로 표현할 수 있는 것은 분명 재능입니다. 만약 재능이 없다면 오랜 시간 끊임없는 연습을 통해 터득해야 하는 기술인 거죠. 중요한 것은 그러기에는 너무나 많은 연습과 노력이 필요하다는 점입니다. 노력을 통해 그림 실력이 나아질 수는 있지만 시간이 너무 오래 걸린다는 단점이 있습니다.

졸라맨처럼 그려도 상관없다는 의견도 있지만, 어

쨌든 이 스토리보드 기법은 제가 실천하기에는 무리가 있다고 판단해 포기하려고 했습니다. 그런데 마침 미국 최고의 카운슬러이자 성공학의 명사로 불리는 잭 캔필드와 마크 빅터 한센이 디즈니의 스토리보드 기법을 유용하게 사용하고 있다는 걸 알게 되었습니다. 그 방법은 다음과 같습니다.

1. 흰색 벽이나 보드판 위에 원하는 것을 이미지로 그린다.
2. 노란색 종이 위에 해야 할 일들을 따로따로 적는다.
3. 할 일들에 우선순위를 매겨 순서대로 붙인다.
4. 달성 시 승리의 표시를 남긴다.

그들은 노란 메모지에 해야 할 일을 적어 잘 보이는 벽에 붙여두었습니다. 그리고 그 일들에 우선순위를 매겨 순서대로 재배치했습니다. 그리고 그 리스트를 하나하나 달성할 때마다 승리 표시를 했습니다. 이 기법은 종이 한 장에 목표 리스트를 쭉 나열하는 것이 아니라 작은 메모지 여러 장에 각각의 목표를 적어 그 위치를 재배치하며 순서를 정하는 것입니다.

저의 경우에는 사업을 준비하는 과정에서 제 나름대로의 방식으로 이 기법을 응용해서 사용했습니다. 한꺼번에 많은 일들을 처리해야 할 때 유용하게 사용할수 있었기 때문입니다. 모든 것이 비슷하겠지만 사업이라는 것은 '리허설'이 없습니다. 단 한 번의 실패가치명적인 결과를 낳는 것이 사업입니다. 그런데 이 스토리보드 기법은 리허설을 해보는 것과 비슷한 효과를냅니다. 다음은 제 나름대로 실행 방법을 정리한 것입니다.

1. A4 용지에 최우선 목표를 적고 목표 사진과 함께 벽에 붙여둔다.

2. 목표를 달성하기 위해 필요한 실행 리스트를 각각의 포스트잇에 한 가지씩 적는다.

3. 실행 리스트 중에서 최우선으로 실행해야 할 포스트잇에 연필로 숫자 1을 적는다. 나머지 역시 순서에 맞게 2, 3, 4, 5 등으로 숫자를 적는다.

4. 최우선 목표를 적어둔 A4 용지 위에 숫자의 순서대로 좌에서 우로 붙인다(좌에서 우로 붙여야 하는 이유는 앞서 밝힌

김효성식 스토리보드 성공 기법

1. 최우선 목표를 목표 사진과 함께 벽에 붙인다.
2. 실행 리스트를 각각의 포스트잇에 한 가지씩 적는다.

3. 각각의 포스트잇에 번호를 매긴다.

4. 번호의 순서대로 좌에서 우로 붙인다.

이번 달부터
월급의 절반을
저축한다. *1*

아침 6시에 일어나
하루 한 시간씩
영어 공부를
한다. *2*

한 달에 저녁 술
약속은 딱 한 번으로
제한한다. *3*

나의 매력도,
호감도를 높인다. *4*

쇼핑을 자제한다.
(대신 한 달에
딱 한 번만 사고
싶은 물건을 산다.) *5*

커피는 하루에
딱 한 잔으로
제한한다. *6*

5. 1번 포스트잇 목표를 완수한 자신의 모습을 시각화한다.

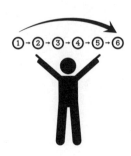

바 있습니다).

5. 1번으로 설정한 실행 리스트를 완수한 자신의 모습을 시각화한다.

이때 실행 리스트 목록은 펜으로 적고 우선순위 번호는 처음에 연필로 적어두는 것이 좋습니다. 말 그대로 리허설을 하는 것이기 때문에 다섯 번 시각화 작업을 끝낸 이후 얼마든지 실행 순서가 바뀔 수 있기 때문입니다. 이렇게만 하면 중요한 일을 할 때 실수를 줄이고 좀 더 성공 확률을 높일 수 있습니다. 이 기법은 월트 디즈니, 잭 캔필드, 마크 빅터 한센 등의 방식을 제 나름대로 변형하여 사용한 것입니다. 여러분도 여러분에게 맞는 방식을 골라 자신에게 가장 최적화된 형태로 변형하여 사용해보시기 바랍니다.

2×법칙 성공 기법

**나만의 맞춤형 기법을
개발하다**

저는 목표를 종이에 적는 습관을 들이면서 실제 눈에 띄는 변화를 경험한 후 생각했습니다. 지금까지 오랫동안 제 몸에 뿌리내려 있던 실패자의 습관을 뽑아낼 수 있는 도구가 생겼다고 말입니다. 골리앗에 맞서 싸우기 위해 다윗이 돌멩이를 들었듯이, 나에게는 목표 목록이라는 작지만 좋은 도구가 있다는 걸 알게 된 것입니다. 그리고 신기하게도 그때부터는 아무리 시도해도 성공하지 못했던 금연은 물

하루 1번 목표를 말하는 습관

론이고, 10시간씩 자던 게으른 생활 패턴에서도 벗어 날 수 있었습니다.

누구보다 목표 지향적이며 부지런하게 생활하면서 종이에 적었던 목표들의 상당한 부분을 성취할 수 있었습니다. 그러자 이런 생각이 들었습니다.

'1년 전에만, 아니 한 달 전에만 이 사실을 진작 알았더라면!'

그동안 해결되지 않고 산적해 있던 문제들을 해결할 실마리를 비로소 쥐게 되었던 것입니다. 그 이후 6년이라는 시간 동안 보물지도 기법, ABCDE 기법, 마인드맵 기법, 스토리보드 기법을 꾸준히 실천해왔습니다. 그리고 그때그때 상황에 가장 잘 맞는 기법을 활용하였습니다. 이를테면 사업에는 마인드맵 기법과 스토리 보드 기법을, 중요한 순서대로 하루를 계획하고 목표에 집중하고자 할 때는 ABCDE 기법을, 차분히 생각할 시간이 생겼을 때는 보물지도 기법을 활용했습니다. 그러다가 몇 년 전부터는 저에게 맞춤형인 방법들이 자연스럽게 생겨나기 시작했습니다. 목표 리스트는 수시로 확인할 수 있어야 하는데 이때 번거롭지 않아야 합니다. 또한 시각화는 물론이고 다양한 목표를 확인할 수 있는 방법. 여기서 절대 빠질 수 없는 것이 바로 휴대폰이었습니다. 언제 어디서나 항상 내 곁에 있는 휴대폰을 통해 좀 더 빠르고 편리하게 목표를 점검할 수 있어야 했기 때문이죠.

　수많은 성공학 도서에서는 10년 후 목표를 계획하라고 말하고 있습니다. 그러나 저처럼 의지가 약하고 지극히 평범한 사람에게는 당장 하루 뒤, 한 달 뒤, 1년 뒤 제 미래가 불안했기 때문에 10년이란 시간은 마치 저와는 별 상관이 없는 듯 까마득하게 느껴졌습니다. 그래서 저는 제 나름의 방식으로 '2×법칙'을 만들어서 지금까지 실천하고 있습니다. 이 방법은 제가 사용하기에 편리한 방법으로 고안해낸 것입니다. 그러니 더 확실한 기법을 원한다면 앞서 설명한 대가들의 기법을 먼저 실천해볼 것을 권합니다. 그러나 자신이 평소 의지가 많이 부족하고 게으르다고 생각한다면 이 방법을 먼저 권해드립니다. 제가 지금까지도 실생활에서 실천하고 있는 아주 단순하고 간단한 실행 방법이기 때문에 누구나 쉽게 습관화할 수 있을 겁니다. '2×

　　　　　　　　　하루 1번 목표를 말하는 습관

법칙'은 다음 순서에 따라 실천합니다.

1단계 실행 법칙
– 목표를 적는다

1년 안, 3년 안, 5년 안에 이루고 싶은 목표를 종이에 적습니다. 단, 1년 안에 이루고 싶은 가장 중요한 목표부터 적습니다. 당연히 1년이란 시간을 고려해서 현실적인 목표로 설정해야 합니다. 예를 들어 무일푼인 당신이 '1년 안에 10억 원 모으기'라고 적는다면 앞으로 당신은 열정으로 가득한 하루하루가 아니라 한탄과 좌절로 가득한 나날을 보내게 될 것이기 때문입니다. 성공 사례를 만들어내지 않으면 절대 실패자의 마인드에서 벗어날 수 없습니다.

올바른 목표를 설정했다면 뭐든지 그보다 2배 높은 목표를 3년 뒤 목표로 설정합니다. 5년 뒤 목표도 마찬가지입니다. 예를 들어 1년 목표가 '연봉 5000만 원 수입 달성'이라고 가정한다면 3년 뒤 목표 목록에는 '연봉 1억 이상 달성'이라고 적고, 5년 뒤에는 '연봉 2억 이상 달성'이라고 적으면 됩니다.

2단계 실행 법칙
– 행동 리스트를 적고 붙인다

2배씩 높아지는 목표까지 설정했다면, 다시 1년 목표로 돌아와 1개월, 3개월, 6개월 단위로 실행하고 달성해야 할 구체적인 행동 리스트를 적습니다. 6개월이 끝나는 시점이 되면 다시 또 1개월, 3개월, 6개월의 행동 리스트를 새로 작성하면 됩니다. 종이에 1년, 3년, 5년이라는 초 · 중장기 목표가 설정되었고 세부적으로 1개월, 3개월, 6개월 동안 실행해야 할 행동 리스트가 만들어졌다면 1개월 안에 실행해서 달성해야 할 리스트만 따로 적어둡니다. 그리고 바로 그 리스트를 당신이 하루에 가장 오래 머무는 장소 이곳저곳에 붙여둡니다.

1개월 뒤 행동 리스트를 완수하고 나면 3개월 행동 리스트를 붙여두면 됩니다.

3단계 실행 법칙
– 행동 리스트와 사진을 휴대폰 안에 넣는다

1개월 안에 실행해야 할 당신의 행동 리스트를 행동 영역 안에 있는 이곳저곳에 잘 붙여놓았나요? 그렇다면 이제 휴대폰으로 모임방을 만들 수 있는 어플을 다운받으세요 (저는 처음 틱톡이라는 모임방을 사용하다 사용이 중지된다는 소식을 듣고 네이버 밴드를 이용하고 있습니다). 그리고 이곳 대화방에 1개월 행동 리스트를 옮겨 적어두고 목표 사진도 같이 올려놓습니다. 제가 네이버 밴드를 이용하면서 좋았던 점은 혼자서 여러 개의 방을 만들어 동시에 관리할 수 있는 편리함이었습니다. 예를 들어 '1개월 목표'라는 방을 만들었다면 '아이디어의 모든 것'이라는 제목으로 방을 또 만들어 떠오르는 모든 것을 적어둘 수도 있으며, '읽어야 할 책 목록'이라는 제목의 방을 만들어 앞으로 차근차근 읽어야 할 책의 리스트를 적어두면 언제 어디서나 쉽게 확인할 수 있다는 장점이 있습니다. 혼자서 관리할 수 있도록 비공개로 설정이 가능하고 목표를 적는 것과 동시에 원하는 사진을 삽입할 수 있기 때문에 언제 어디서나 나의 목표를 글과 이미지로 선명하게 확인할 수 있다는 것이 가장 큰 장점입니다.

4단계 실행 법칙
– 하루 한 번 목표를 말하고 하루 세 번,
행동 리스트를 눈으로 확인한다

만약 지금까지 설명한 것을 다 실천했다면 매일 아침 일어나자마자 1년 안에 이루고 싶은 가장 중요한 목표를 입밖으로 발음해보세요. 꼭 소리 내어 발음해야 합니다. 그리고 아침 출근 시간에 한 번, 점심 식사 시간에 음식이 나오길 기다리면서 한 번, 퇴근 시간에 버스나 지하철에서 한 번, 각각 자투리 시간을 이용해 당신이 달성해야 할 1개월 행동 리스트를 직접 눈으로 확인해보세요. 그렇게 하루에, 딱! 세 번만 보세요. 많이도 아닙니다. 하루에, 딱 세 번입니다. 그렇게 주기적으로 하루에 세 번씩 목표를 보다 보면 눈뜨는 순간 세부 목표 중에 수정해야 할 요소들이 떠오르기도 하고, 지금까지는 생각지도 못했던 아이디어들이 일상의 순간순간에 떠오르기도 하는데 그때부터는 무궁무진한 아이디어를 그저 주워 담기만 하면 됩니다.

휴대폰 안에 목표를 작성하게 되면 뇌가 그 중요성을 인지할 수 없는 거 아니냐고 물어보는 분들이 계시

하루 1번 목표를 말하는 습관

는데 가장 중요한 목표는 언제나 종이 위에 써서 책상 앞 창틀에 붙여두고 있으니 괜찮습니다.

또한 세부적인 행동 리스트는 종이를 가지고 다니면서 수정하는 것보다는 새로운 아이디어가 떠오를 때마다 수정 버튼을 누르고 생각을 기록할 수 있는 휴대폰 대화방이 훨씬 더 유용합니다. 오히려 자투리 시간이 날 때마다 지속적이고 반복적으로 목표를 확인할 수 있는 것은 더 우월한 점이라 할 수 있습니다. 하지만 여기서 무엇보다 중요한 것이 하나 더 있습니다. 바로 당신이 목표를 종이에 적고 실천하기로 마음먹은 이상 자신이 이 목표를 이룰 수 있다는 것을 믿어 의심치 않아야 한다는 것입니다. 가령 '○○○를 이룰 수만 있다면 얼마나 좋을까!'라는 문장 형태로 목표를 적는 것은 마치 '복권에 당첨된다면 얼마나 좋을까!'라고 생각하는 것과 똑같습니다.

이루어질 수 없는 상황, 바뀌지 않는 현실에 매몰되어 당신의 에너지를 낭비하지 마십시오. 그럴 시간에 당신의 잠재 능력을 믿고 '나는 반드시 ○○○를 이룰 수 있어!'라고 적어보세요. 그 효과는 당신도 모르는 사이에 신속하고 정확하게 나타날 겁니다.

물려받은 부가 아닌 타고난 성실함과 아이디어로 자수성가한 사람들은 지금도 열심히 자신들만의 방식으로 목표를 이루기 위해 노력하고 있습니다. 매 순간 새로운 발상을 메모해가며 치밀하게 살고 있다는 걸 알아야 합니다. 당신도 그 3퍼센트의 성공자 대열에 들어가고 싶다면 세부 행동 리스트는 되도록 치밀하게 적어보세요. 이렇게만 한다면 살아가는 순간순간 기적 같은 기회들이 말도 안 될 정도로 빈번하게 당신 앞에 나타날 것입니다. 당신은 아마 그때쯤 되어서야 눈치를 챌 겁니다. 이 모든 것이 목표를 적은 종이 한 장에서 시작되었다는 사실을 말입니다.

4장

그들의 성공은 우연인가, 필연인가

자신의 업무에 대한 정확한 목표를
갖고 있지 않은 사람이 인재가 될 확률은
0.000001퍼센트보다도 낮다.
_피터 드러커

지금의 행동 습관이 당신의 미래다

달라져라

여기 100년이라는 시간 동안 알루미늄 회사로는 세계에서 가장 큰 규모로 성장한 알코아라는 회사가 있습니다. 알코아가 주최한 행사 연회장에는 월스트리트의 저명한 투자자들과 주식 분석가들이 모여 있었습니다. 투자자들은 샴페인 잔을 기울이며 더 많은 이윤을 창출하겠다는 알코아의 신임 최고경영자 폴 오닐의 관례적인 연설을 기대하고 있었습니다.

드디어 폴 오닐이 단상에 올라서서 많은 투자자들에

게 기업 운영 방침을 전달했습니다. 물론 최고경영자다운 자신감과 따뜻한 미소도 함께. 그런데 어찌 된 영문인지 듣고 있던 사람들의 표정이 점점 굳어지고 있었습니다. 그도 그럴 것이 오닐은 투자자들의 예상과는 달리 처음부터 끝까지 이렇게 말하고 있었기 때문입니다.

"노동자의 안전이 가장 중요하기 때문에, 앞으로 알코아를 미국에서 가장 안전한 기업으로 만들겠습니다!"

투자자들은 한동안 멍한 상태를 유지해야 했습니다. 오닐의 연설이 끝나자 투자자들은 일제히 자리를 뜨며 자신들의 고객들에게 전화를 걸어 이렇게 말했습니다.

"알코아 주식을 당장 팔지 않으면 큰 손해를 볼 것입니다. 당장 팔아야 합니다! 당장!!"

하지만 그들은 모르고 있었습니다. 오닐이 목표를 목록으로 작성해 실천하는 것을 언제나 최우선으로 생각하는 말 그대로 '목록 작성 신봉자'라는 사실을 말입니다. 오닐은 이 작은 습관이 원하는 삶을 구체화할 수 있는 비법이라는 사실을 잘 알고 있었습니다. 그가 알

하루 1번 목표를 말하는 습관

코아의 최고경영자 자리에까지 오를 수 있었던 것도 어릴 때부터 몸에 익힌 이 작은 습관 덕분이었습니다. 그가 대학생 때 적었던 목표 목록의 가장 윗자리에는 '달라져라'라고 쓰여 있었다고 합니다.

그렇다면 그런 그가 최고경영자로 취임한 알코아의 미래는 어떻게 됐을까요? 그가 목표 목록에 적은 대로 알코아는 미국 평균 산재율을 20분의 1로 떨어뜨리는 기업이 되었습니다. 작은 습관 하나가 기업의 미래를 바꾼 거죠. 그뿐만이 아닙니다. 오닐이 취임한 지 1년 만에 알코아는 자사 역사상 최고의 이익을 올렸고, 최고경영자 자리에서 물러나던 시기에는 취임 전보다 연간 순이익이 5배나 증가했습니다. 투자자들의 예상과 달리 시가총액은 270억 달러까지 상승했습니다. 당시 오닐의 목표 목록 가장 윗자리에는 '안전'이라고 적혀 있었습니다. 오닐이 알코아의 최고경영자로 취임했을 당시 연회장에 함께 있었던 한 주식 전문가는 지금도 그날 일을 후회하고 있다는 듯 이렇게 말했습니다.

"그때 제가 알코아 주식을 팔라고 조언했던 건 주식 분석가로서 행한 최악의 실수였습니다."[24]

행동 습관을 보면
그 사람의 미래가 보인다

가족들과 함께 저녁 식사를 하는 집안에서 자란 아이들은 그렇지 않은 아이보다 감정 조절 능력뿐만 아니라 자신감 또한 넘친다고 합니다. 물론, 숙제하는 능력도 그렇지 않은 아이보다 훨씬 뛰어납니다. 이것을 바꿔 말하면 가족들이 저녁에 함께 식사를 하는 아주 작은 습관 하나만으로도 아이의 인생이 바뀔 수 있다는 말입니다. 그렇다면 세계적으로 성공한 사람들에게는 어떤 습관이 있을까요?

그들 또한 자신들만의 철저한 성공 습관을 갖고 있었습니다. 그 중심에 목표를 구체적으로 적고 실행에 옮기는 습관이 있습니다. 목표 목록을 바탕으로 아주 사소한 목표들이 하나둘씩 현실화되면 점점 실패할 확률이 적어집니다. 그리고 이런 경험은 더욱 크고 원대한 목표를 이뤄낼 수 있는 초석이 됩니다. 이렇듯 어렵지 않은 습관 하나로 성공할 수 있다면 당신이 이 습관을 따르지 않을 이유가 있을까요?

기억하십시오. 지금 당신의 행동 습관이 고스란히 당신의 미래가 된다는 것을. 만약 당신이 다른 삶을 원

하루 1번 목표를 말하는 습관

한다면 당장 당신의 핵심 습관을 바꿔야 합니다. 그것은 목표를 적는 습관에서 출발합니다.

글로 적으면 기회가
저절로 찾아온다

당신이 만약 폴 오닐과 같이 성공적인 CEO의 삶을 살고 싶다면 목표를 반드시 종이 위에 적어야 합니다. 앞에서 소개한 데이브 램지나 루 홀츠의 이야기를 한번 떠올려보십시오. 두 사람 다 파산한 상황이었습니다. 그리고 책임져야 할 가족까지 있는 상태였습니다. 그러나 그들 모두 한 가지의 공통된 행동을 함으로써 인생이 뒤바뀌게 되었습니다.

우리나라의 자기계발 도서의 판매량은 연말과 연초에 증가하는 추세를 보인다고 합니다. 왜 그럴까요? 소망했던 일들이 성과가 없거나 결과로 증명된 것이 없기 때문일 겁니다. 그래서 다시 새로운 해를 준비하려는 거죠. 다시 말해 무언가 준비하고, 계획하고, 목표했던 일들이 연말이 되어서도 크게 변하지 않았기 때문에 다시 새로운 마음가짐을 다지기 위해 자기계발 도서를 선택한다는 겁니다. 그렇다면 진지하게 한번 생각해보세요. 당신은 왜 매년 '변화된 자신'을 준비하고 계획하지만 뜻대로 이룰 수가 없었나요? 왜 연초의 소망은 연말이 되면서 절망으로 바뀌었을까요? 계획을 실천하여 누군가에게 결과물을 증명해 보인 적이 있습니까? "나는 노력할 만큼 했어. 안 되는 건 안 되는 거야!"라고 생각하며 스스로 자포자기한 건 아닐까요?

남다른 성과 혹은 성공을 원한다면 가장 먼저 자신이 그럴 만한 사람이라는 것을 증명해야 합니다. 당신이 진정 바라는 성공이 무엇인지 저로서는 알 수 없습니다. 그러나 그것은 분명 당신의 꿈일 것입니다. 그리고 당신은 그 꿈을 현실 세계로 불러내기 위해 이 땅에 존재하고 있습니다. 그렇다면 당신은 지금 당장 종이를 꺼내 펜을 들고 당신의 꿈을, 목표를 적는 것부터 시작해야 합니다.

**인간은 자신이 믿는
딱 그만큼만 성장한다**

인간은 자신이 믿는 만큼, 딱 그

하루 1번 목표를 말하는 습관

만큼만 성장한다는 말이 있습니다. 다시 말해 스스로 자신을 과소평가하면 결국 자신이 평가하는 그대로 지극히 평범한 삶을 살 수밖에 없다는 거죠. 혹시 당신이 하고자 했던 일을 사업으로 발전시키지 못했습니까? 그러나 가만히 생각해보면 온갖 불안과 걱정이 당신을 지배했기 때문이라는 걸 알 수 있을 겁니다.

"직원 월급은 어쩌지?"

"세금 공부는 어떡하지?"

"유지비는 어떻게 마련하지?"

"아 복잡해! 어려워!"

이런 상황은 이성을 만날 때도 마찬가지입니다.

"날 좋아하지 않으면 어쩌지?"

"나는 키가 작은데 날 좋아할까?"

"난 날씬하지 않은데 날 싫어하지 않을까?"

"아 짜증 나! 나가기 싫어!"

물론, 이런 질문도 스스로에게 필요합니다. 하지만 이런 부정적인 감정이 지나칠수록 자기 자신에게 설득당하고 맙니다. 나는 그저 그런 사람이며 뭔가를 해내기에는 역부족이라고 말이죠. 결국 사업은 어렵고, 연

애는 자신에게 사치라는 결론을 내리고 맙니다. 스스로 포기해버리는 거죠.

스탠퍼드 대학의 심리학 교수 캐럴 드웩은 올림픽 운동선수, 음악가, 평범한 직장인 등을 대상으로 사고방식과 성공의 상관관계에 대해 심도 깊게 연구했습니다. 결과는, 개인이든 집단이든 간에 '나는 더욱 발전할 수 있다'고 믿는 사고방식, 즉 성장형 사고방식을 하는 사람들이 더 성공한다는 것이었습니다.[25] 그렇다면 고정형 사고방식에서 성장형 사고방식으로 나아가기 위해서는 어떻게 해야 할까요? 바로 빠른 시간 안에 작은 성취감을 느끼면 된다고 합니다.

국제 정신분석가 이무석 교수는 '나는 할 수 있다'는 자존감을 성장시키기 위한 방법으로 다음과 같이 설명한 바 있습니다.

"성공 경험이 많을수록 자존감은 올라간다. 그와 반대로 성공 경험이 낮고 실패가 많을수록 자존감은 낮아진다."

성공하는 사람은 어떤 사람들인지 알아보기 위해 무려 50년간 연구를 진행한 하버드 대학의 에드워드 밴필드 박사의 연구 결과는 이렇습니다.

"우리 사회에서 가장 성공한 사람들은 10년, 20년 후 미래의 장기적인 목표 목록을 갖고 있는 사람들이 었다."

장기적인 목표가 있으며 그 목표를 의심하지 않아야 성공한다는 말입니다. 만약 당신이 믿을 만한 누군가에게 성공하려면 어떻게 해야 하느냐고 묻는다면 어떤 답변이 돌아올까요? 그들이 정말 당신이 신뢰할 만한 사람이라면 적어도 이렇게 말해줄 것입니다.

"미래를 내다보고 준비해. 안 그럼 곤란해질 수도 있어!"

심하게는 이렇게 말할 수도 있습니다.

"너 지금처럼 그렇게 아무 생각 없이 살다가 정말 큰 일 난다!"

성공학의 대가라 말하는, 이 시대의 부와 명예를 모두 거머쥔 그들이 만약 당신 곁에 있었다면 뭐라고 얘기해줬을까요? 아마도 이렇게 말해줬을 것입니다.

"지금 뭐 하는 겁니까? 당장 당신만의 목표를 종이에 직접 적으세요!"

목표를 소리 내어
읽는 습관

우리는 무언가를 시도하기 전에 머릿속으로 미리 짐작해보고는 포기하기 일쑤입니다. 그것이 말도 안 되는 일이거나 혹은 내가 이루어낼 수 없는 굉장한 일이라고 생각하기 때문입니다. 하지만 그렇다고 해도 당신이 지난날을 돌이켜봤을 때 노력하지 않고 살아오기만 한 것은 아닐 겁니다. 당신도 분명 자기 분야에서 최선의 노력을 하고 있었을 겁니다. 그런데도 왜 아직까지 당신이 소망하는 일들은 이루어지지 않았을까요? 혹시 당신에게는 어떤 시점까지 꼭 지켜야 하는 목표 목록이 없었던 건 아닌가요?

여기 동양인 복싱 선수가 있습니다. 서양인에 비해 동양인은 체구가 작기 때문에 낮은 체급을 선호합니다. 하지만 이 선수는 중량급을 택했고 동료들은 다들 무리라며 고개를 흔들었습니다. 그러나 그와 그의 아내는 달랐습니다. 이 부부는 올림픽 금메달을 딸 수 있을 거라 굳게 믿었는데 그 방식이 일반 사람들과는 조금 달랐습니다. 부부는 집 안 냉장고에 목표를 써놓은 종이를 붙여두고 하루에 한 번씩 입밖으로 소리 내어

하루 1번 목표를 말하는 습관

읽는 것을 습관처럼 하고 있었기 때문입니다. 종이에는 바로 이렇게 적혀 있었습니다.

"금메달을 땄습니다! 고맙습니다!"

2012년 런던 올림픽에서 동양인 선수 한 명이 복싱 미들급에서 금메달을 목에 걸고 환호하고 있습니다. 이 선수의 이름은 무라타 료타. 냉장고에 목표를 붙여 두고 매일 아내와 소리 내어 읽었던 그 남자였습니다.

내가 나를 믿지 않는데
누가 나를 믿어줄까?

**이번 생은 글렀다고
생각하나요**

　　　　　　　　많은 이들이 원하는 바를 이루지
못하는 이유는 무엇일까요? 그것은 어쩌면 내가 성공
할 수 없다는, 이번 생은 이미 글렀다며 그냥 이렇게 살
다 죽는 것이 내 운명이라고 체념해버리기 때문 아닐
까요? 그런 믿음과 태도가 스스로를 집어삼켜버렸기
때문은 아닐까요?

　말콤이라는 한 남자가 있었습니다. 그는 약혼녀와
함께 숲 속을 산책하고 있었습니다. 그때 거대한 곰 한

하루 1번 목표를 말하는 습관

마리가 그들 앞에 나타났습니다. 곰은 순식간에 약혼녀를 잡았고 말콤은 그녀를 구하기 위해 필사적인 몸부림을 쳤습니다. 그리고 결국 약혼녀를 구해냈습니다. 하지만 문제는 그다음이었습니다. 곰은 날카로운 발톱을 그의 얼굴에 박아 넣었고, 그것도 모자라 두개골까지 찢고 나서야 유유히 사라졌기 때문입니다. 그날 이후 그는 8년간의 원상회복 수술을 받았지만 상황이 나아지지는 않았습니다. 그의 얼굴은 온통 바느질 자국으로 가득했고, 입조차도 4분의 3이 꿰매져 있는 상태였습니다. 그는 절망했고 자살을 결심했습니다. 그때 마침 그의 친한 친구가 대중 강연 테이프를 가져다주었습니다. 그 강연 테이프에서는 이런 말이 흘러나왔습니다.

"평범한 사람들에게 실패가 주어지는 이유는 그렇게 함으로써 그들을 특별한 사람으로 거듭나게 하기 위해서입니다."

즉 실패란 성공하기 위해 숨어 있는 또 다른 기회라는 말이었습니다. 말콤은 이 말을 어떻게 받아들였을까요? 그저 다 헛소리라며 한쪽 귀로 흘려들었을까요?

결론만 말하자면 그는 자신이 특별한 사람이라고 생각하기 시작했습니다. 그리고 종이 한 장을 꺼내어 강연에서 들은 대로 자신이 하고 싶을 것을 써내려 갔습니다.

그러자 점차 변화가 시작되었습니다. 그가 서서히 자신의 얼굴이 흉측하다는 생각을 하지 않게 된 겁니다. 그보다 더 놀라운 사실은 보험회사 영업 사원이라는 직업을 스스로 선택했다는 것입니다. 그는 결국 그 지역에서 알아주는 영업 사원이 되었습니다. 자신의 잠재의식이 바뀌면서 외모보다 자신의 믿음이 더 중요하다는 사실을 깨달았기 때문입니다. 말콤은 '나의 외모를 더 이상 흉측하다고 생각하지 않는다'를 목표로 삼고 그것에 집중했습니다. 그 목표를 내면에서 되뇌다 보니 자기 자신이 좀 더 나은 사람이라는 생각이 솟아났기 때문입니다.

만약 지금 당신의 상황이 말콤보다 나은 상황이라면 당신은 이미 행운아입니다. 말콤보다는 더 빠른 시간 안에 이 목표를 성취할 수 있기 때문입니다. 그리고 만약 그렇지 않더라도 당신은 행운아입니다. 말콤의 이야기에서 보았듯 그 누구라도 자신의 목표를 종이 위에 적는 순간부터, 꿈을 이루기 시작한다는 것을 알게 되었기 때문입니다. 만약 당신이 말콤처럼 목표를 작성한 뒤 그것을 달성할 수 있다는 강력한 믿음을 갖고 하루하루를 살아간다면 앞으로 당신의 인생은 어떻게 변할까요?

**망설이는 순간 기회는
바람처럼 사라진다**　　　　　　물론 이 글을 읽으면서 '말도 안 돼'라고 생각하는 분들이 있을 겁니다. 이런 생각은 곧바로 당신의 잠재의식에 전달됩니다. 결국 그 믿음은 책을 덮은 이후 어떠한 행동도 하지 않을 것을 강요합니다. 분명하고도 정확하게.

지난날을 한번 돌이켜보세요. 당신은 자신이 생각하고 믿고 행동한 딱 그만큼만 달려왔습니다. 당신이 미리 짐작한 그 모습 그대로 말입니다. 시험에 불합격할 거라 끊임없이 걱정했다면 지금도 시험을 준비하고 있을 겁니다. 운동해도 거기서 거기라는 믿음으로 다이어트 중이라면 지금도 다이어트 중일 것이고, 반복되는 금연 실패 또한 당신의 믿음에서 시작된 잠재의식의 결과일 뿐입니다. 평범한 사람들은 산더미 같은 일과들 중에서 자신이 먼저 해야 할 일을 선택하지 못합니다. 그중 가장 중요한 한 가지만을 선택해 실행하라고 해도 머릿속으로만 맴돌 뿐 선택하지 못하는 것은 마찬가지입니다. 앤서니 라빈스는 실행력이 부족한 사람들에 대해서 이렇게 말했습니다.

"이 세상에 행동력이 없는 사람은 없습니다. 그 행동을 유발하는 의미 부여를 하지 못할 뿐입니다."[26]

이 말을 다시 생각해보면 행동력이 있는 사람이든 없는 사람이든, 모든 인간은 자신의 행동에 합당한 '의미 부여'를 하며 살아간다는 것입니다. 만약 당신의 머릿속에 '성공 = 어려운 것', '아이디어 = 특별한 사람의 것'이라는 인식이 들어 있다면 당신은 이미 목표 달성이란 '두렵고', '어려운' 것이라고 의미 부여를 하고 있다는 말입니다. 그러다 보니 결국 자기 행동을 제한하게 되는 거죠. 그렇다면 어떻게 하면 '두렵다', '어렵다'를 '나는 할 수 있다'로 바꿀 수 있을까요? 그 방법

하루 1번 목표를 말하는 습관

이 바로 제가 제안하는 하루 한 번 목표를 입밖으로 말하는 습관입니다. 종이 위에 적어둔 나의 목표를 바라보며 진심으로 가슴이 뛸 때까지 외쳐보는 겁니다. 자연스럽게 이미 목표를 이룬 이후의 상황을 상상하면서 외치는 겁니다. 거창한 목표가 아니라 작은 목표부터 실천해보세요. 제 지인 중에도 매년 담배를 끊겠다고 선포하는 사람이 있습니다. 그러다 시간이 조금 지나면 이렇게 말하곤 합니다.

"금연… 쉽지 않아…….."

그러다가 금연을 완전히 포기해버리는 날이 되면 이렇게 말합니다.

"금연하기 정말 쉽지 않아…….."

그는 금연을 실천하는 과정에서도 '쉽지 않아'라는 대사로 이미 금연할 수 없다는 것을 선포하고 다니는 셈입니다. 자신이 정한 목표도 마찬가지입니다. 만약 그 목표를 끊임없이 '어려운 것', '쉽지 않은 것'이라고 생각한다면? 그리고 아무렇지도 않게 그런 말을 지속적으로 입밖으로 내뱉는다면? 당신은 결국 스스로에게 자신이 정한 목표를 자신이 이룰 수 없다는 의미 부여를 하게 됩니다. 스스로를 지극히 평범한 사람으로 전락시키고 마는 거죠. 그렇게 상황은 늘 변함이 없습니다. 그러니 정말 변화를 원한다면 지금부터라도 긍정의 말을 습관화하세요. 그 시작은 목표를 종이에 적고 입밖으로 말하는 것입니다.

내 마음이란 이름의 관객

서커스단에 줄타기를 하는 곡예사가 있습니다. 이 곡예사는 공중에 매달린 줄 하나에 의지해 균형을 잡고 있는 중입니다. 그런데 잠깐의 실수로 균형을 잃고 추락하고 말았습니다. 물론, 안전 그물망 위로 말이죠. 그런데 그때 관객석에 있던 사람들이 야유를 보내기 시작합니다.

"뭐 하는 거야? 돈이 아깝다!"

"저런 사람이 곡예사라니!"

"이봐! 당장 다른 사람 불러와!"

이런 말을 들은 곡예사는 아마 평생을 두려움과 좌절감으로 살아야 할지도 모릅니다. 어쩌면 곡예사라는

하루 1번 목표를 말하는 습관

자신의 천직을 버려야 할 수도 있겠죠. 한번 상상해보세요. 학창 시절 당신이 선생님의 질문에 힘껏 손을 들어 발표했는데 질문 의도와는 다른 이야기를 하는 바람에 주위 친구들로부터 비웃음을 당했다면 그 후로 어떻게 되었을까요? 자신 있게 손을 들고 발표를 할 수 있을까요? 그와 반대로 선생님이 칭찬을 하고, 친구들이 박수를 쳐줬다면 어떻게 됐을까요? 아마도 더 열심히 공부해서 더 멋지게 발표하려고 준비하지 않았을까요? 이 곡예사도 마찬가지입니다. 비록 실수를 했지만 관객석에서 뜨거운 박수와 함께 응원의 에너지를 보내준다면, 그는 다시 일어나 줄타기를 시도해 멋지게 성공했을 겁니다. 왜냐하면 이미 그에게는 그럴 능력이 충분했기 때문입니다.

이 관객석의 반응이 바로 우리 자신의 마음이라고 생각하세요. 내가 뭔가를 하려고 했지만, 잘되지 않았을 때, 당신은 자신에게 어떤 반응을 보여주고 있나요? 스스로를 비판하고 자책하는 말들, '쉽지 않아!', '나는 뭘 해도 안 돼!', '성공은 아무나 하나!'라는 말을 자신에게 하고 있지는 않나요? 이런 마음의 말들은 자신감을 죽이고 두려움과 불안, 공포로 당신을 이끕니다. 먼저 내가 나를 믿어주지 않는다면 과연 누가 당신을 믿어줄까요? 지금 당신의 직업은 안내원일 수도 있고, 보험회사 영업 사원일 수도 있습니다. 평범한 직장인일 수도 있고, 사진사일 수도 있습니다. 그런 당신에게 물어보고 싶습니다.

"지금 하고 있는 그 일을 언제까지 하실 생각이신가요?"

"저는 이 일을 평생 할 거예요. 제 천직이거든요!"라고 말할 수 있나요?

지금 생각만 해도 가슴 벅찬 당신만의 일을 하고 있나요? 그 누구에게도 자신 있게 "지금 이 일은 제가 정말 하고 싶었던, 제 꿈이에요"라고 말할 수 있나요? 만약 그게 아니라면 지금 당장 종이 위에 이렇게 적어보세요.

'내가 가장 좋아하는 일은 무엇인가?'

'내 꿈은 무엇인가?'

내 마음이라는 이름의 관객

Low Confidence

"쉽지 않아!"
"나는 뭘 해도 안돼!"
"성공은 아무나 하나!"

(✗)

Confident

"나는 한 번 한다고 결심하면 꼭 해내는 사람이야!"
"나는 내가 생각해도 너무 매력적이야!"
"나는 남들이 뭐라 하든 신경 쓰지 않을 자신이 있어!"

(○)

나의 첫 번째 관객은 내 마음입니다.
나에게 박수를 쳐주며 응원의 한 마디를 보내주세요.
곧 나는 나 자신에게 응답할 것입니다.

이 두 문장을 보면서 끊임없이 떠오르는 것들을 적어보십시오. 어떤 모습을 떠올렸는데 자신도 모르게 옅은 미소가 지어지나요? 그럼 그 떠오르는 이미지를 그냥 흘려보내지 말고 당장 종이에 적어보십시오. 그리고 당장 실행할 수 있도록 행동 계획을 짜십시오. 당장 할 수 있는 것부터 장기적인 것까지 단계별로 짜면 됩니다. 그리고 나서 가장 빠르게 실천할 수 있는 것부터 시작해보세요. 그러면 당장 자기 자신만의 성취감을 느낄 수 있을 겁니다. 단언컨대 당신은 얼마 지나지 않아 당신이 꿈에 그리던 그 일을 하고 있을 것입니다.

목표가 뚜렷한 사람은
그저 그런 삶을 살 수가 없다

무엇을 반복해야 하는지
알아내는 것부터 시작하라 당시 초등학생이던 한 소녀

는 어느 날 신문을 보던 도중 눈에 띄는 기사를 발견했

습니다. 기사의 제목은 '올해 재무성에 입사한 21인'이

었습니다. 한 해에 이렇게 적은 수의 인원만 뽑는다는

것은 어린 소녀에게 '나도, 저기 가고 싶다!'는 내적 동

기를 불러일으켰습니다. 하지만 잘 생각해보세요. 이

글을 읽고 있는 독자는 물론이고 저 역시 초등학교 시

절에는 발명가도 되고 싶었고 과학자도 되고 싶었습니

다. 다음 해에는 미술가, 그다음 해에는 의사가 되고 싶기도 했습니다. 하지만 당신의 그 순수한 꿈을 성인이 된 이후까지 유지하는 건 참으로 힘든 일이었을 겁니다. 어쩌면 처음부터 불가능했던 건지도 모르겠습니다. 그런 꿈은 그야말로 바람처럼 사라지니까 말입니다.

그런데 이 소녀는 꿈을 목표로 설정하기 시작했습니다. 자신의 방에 '21'이라는 숫자를 큼지막하게 써서 붙여놓고 자신이 가장 먼저 해야 할 일들에 집중하기 시작한 겁니다. 그러고는 재무성이라는 정부 기관에 들어가기 위해 가장 먼저 해야 할 일들의 우선순위를 정하기 시작했습니다. 대략 이런 식이었습니다.

"재무성에 가기 위해서는 21명 안에 들어야 하고, 그러기 위해서는 먼저 도쿄대 법학부에 들어가야 한다. 도쿄대의 법학부 정원은 500명이니 우선 500명 안에 들어야 하고, 그 이전에 도쿄대에 들어가야 한다."

어린 소녀는 자신의 꿈을 포기하지 않고 늘 '21'이라는 종이 위의 목표를 바라보며 끈질기게 노력했습니다. 그 결과 도쿄대 법학부를 수석으로 졸업했으며 이후 재무성에 들어가 자신의 꿈을 이뤘습니다. 성인이

하루 1번 목표를 말하는 습관

되어서도 아침에 일어나 샤워하고, 밥 먹고, 신문 보는 시간까지 구체적으로 계획을 세워 움직이는 그녀는 이렇게 말한 바 있습니다.

"무엇을 위해 노력해야 할지, 무엇을 반복, 계속 해야 할지를 알아내는 것이 무엇보다 중요합니다."[27]

그녀의 이름은 야마구치 마유. 현재 변호사가 된 그녀는 베스트셀러 『7번 읽기 공부법』의 작가입니다. 그녀가 해야 할 일을 구체적이고 세밀하게 계획하는 것은 머리가 나빠서가 아닙니다. 그녀는 천재라고 불릴 정도로 머리가 좋은 사람입니다. 그러나 그런 사람조차도 머리로만 기억했을 때보다 종이에 적어놓은 문구를 본다거나 이미지로 봐야 오랫동안 장기 기억 속에 저장된다는 걸 인정한 겁니다. 그러므로 자신의 목표가 있으면서도 글로 적지 않고 머릿속에만 저장해놓고 살아간다는 것은 바보 같은 행동일 뿐입니다.

혹시라도 당신이 꿈을 절대 이룰 수 없을 거라 짐작하고 있나요? 그러나 속단은 금물입니다. 시도해보지 않고서는 모릅니다. 만약 그 목표가 자기 자신을 속이지 않는 목표라면 말입니다.

다른 사람이 되어가는 터닝포인트,
목표 적기

빌 샌즈라는 남성은
상점 유리에 돌을 던졌고, 빈 가게를 터는 범죄를 저질
렀습니다. 뭔가 절실한 사연이 있어서 그런 것도 아닙
니다. 그는 단지 부모의 관심을 끌고 싶었던 겁니다. 그
의 아버지는 연방 법원의 판사라 빌을 챙기지 못했고,
어머니는 알코올 중독자였기 때문이죠. 결국 그는 이
사건으로 교도소에 가게 되었고 스스로를 실패한 인생
이라 여겼습니다. 어쩌면 당연한 생각입니다. 교도소
에 있는 자신을 보며 "나는 뭐든 할 수 있어!"라고 생각
하는 건 너무나 비현실적이기 때문입니다.

그런데 그때 마침 교도소장이 그에게 다가와 무언가
를 건네줬습니다. 그것은 다름 아닌 나폴레온 힐이 쓴
『놓치고 싶지 않은 나의 꿈 나의 인생Think and Grow Rich』
이라는 책이었습니다. 빌은 교도소에서 그 책을 읽고
또 읽었습니다. 그것도 부족했는지 책에서 말하는 성
공 비법 원리를 따라서 실천하기 시작했습니다. 빌은
목표를 종이에 써놓고 목표에 대해 말하기를 반복하면
서 실제 꿈에서도 꿈을 이룬 자신의 모습을 보기 시작

했습니다. 시간이 지나면서 빌은 점점 다른 사람이 되어가고 있었습니다. 출소 후 다른 죄수들을 돕는 일을 하겠다는 자신만의 목표가 생겼기 때문입니다.

목표가 뚜렷한 사람이 어떻게 그저 그런 삶을 보내겠습니까? 그는 감옥에서 나와 글을 쓰기 시작했고, 죄수로 지냈던 자신의 경험을 책으로 펴냈습니다. 이후 그는 대중 강연자가 되었고 전과자의 자립을 돕는 재단Seventh Step Foundation을 설립했습니다.[28]

자기 자신으로부터 도망치면
아무것도 해결할 수 없다

너무나 비참한 표정을 짓고 있는 한 청년이 법정을 걸어 나오고 있습니다. 모든 것을 잃고 파산했기 때문입니다. 청년은 수시로 헛구역질을 했고 눈물을 끊임없이 흘렸습니다. 그가 할 수 있는 일이라고는 도망뿐이었습니다. 다른 사람도 아닌, 자기 자신으로부터의 도망. 그는 스스로를 피곤하다는 말로 세뇌시키며 하루 12시간씩 잠을 잤으며, 기차 안 화장실 휴지통을 치우는 일로 생계를 연명했습니다. 그렇게 하루하루를 살아가던 그는 어느 날, 대학생 때 들었던 강연을 떠올렸습니다. 바로 앞서 이야기한 죄수 출신 강연자, 빌 샌즈의 강연이었습니다. 언제나 마음속에 씨앗처럼 그의 강연 내용을 품고 있었던 그는 곧 성공학에 대한 책들을 서서히 독파해나갔습니다. 그리고 그의 조언대로 목표를 적기 시작했습니다. 가장 빨리 성취할 수 있는 목표에서부터 말도 안 되는 목표에 이르기까지 다양했습니다. 과연 이 사람은 누구이며 미래에 어떻게 됐을까요?

이 사람은 세계적 베스트셀러 『영혼을 위한 닭고기 수프』의 공동 저자인 마크 빅터 한센입니다. 그는 자신이 이미 알고 있는 내용이었을지도 모르지만, 빌의 강연을 듣고 감동을 받아 대중 강연자가 되겠다는 목표를 세울 수 있었다고 말한 바 있습니다. 마크 빅터 한센은 빌에게 영향을 받았고, 빌은 나폴레온 힐에게 영향을 받은 거죠. 그리고 더 앞서서 말씀드렸던 것처럼 나폴레온 힐은 앤드류 카네기의 부탁으로 20년에 걸쳐 당대 최고의 부를 축적한 성공자들을 조사한 사람입니다. 카네기, 록펠러, 에디슨, 포드 등 세계적으로 성공한 사람들의 공통분모에 대해 연구한 그는 이렇게 밝힌 바 있습니다.

"명확한 중점 목표는 잘 보이는 곳에 써 붙이고 적어도 하루에 한 번 이상은 시각화해야 합니다."

그렇다면 성공학의 정점에 있는 또 다른 이들은 성공을 위한 비법으로 어떤 방법을 이야기했을까요? 또 하나의 성공학 대가인 지그 지글러는 이렇게 말했습니다.

"목표 달성을 하려면 우선 메모지에 원하는 목표를 상세히 기록해야 합니다."

아직까지도 우리나라를 포함해서 전 세계적으로 인간관계론의 고전이라 인정받는 『카네기 인간관계론』의 저자, 데일 카네기는 뭐라고 말했을까요? 그 역시 성공 습관에 대해 이렇게 기록했습니다.

'나는 매일 밤 다음 날 해야 할 일을 종이 위에 적어 계획하는 습관을 길렀다.'

이렇게 말한 사람은 또 있습니다. 경영 컨설턴트이자 미국 올림픽 대표팀의 심리 트레이너, 데니스 웨이틀리입니다. 그는 선수들에게 목표를 성취하기 위해 반드시 해야 할 행동 습관에 대해서 이렇게 밝혔습니다.

'깨끗하고 두꺼운 종이에 당신의 목표를 메모해서 항상 가지고 다녀라.'

그는 올림픽 대표팀의 심리 트레이너로 일할 당시 국가 대표 체조 선수에게 모든 체조 동작을 종이 위에 적고 그대로 상상해보라고 주문했다고 합니다. 한 선수는 웨이틀리 박사의 말대로 했습니다. 모든 체조 동작을 종이 위에 자세히 기록하면서 자신의 모습을 생생하게 상상했습니다.

그렇게 수십 번, 수백 번, 그리고 1만 번을 되풀이했을 때 그녀는 이상한 경험을 하게 됩니다. 마치 체조 경기의 전 과정이 자신의 눈앞에서 펼쳐지는 것처럼 느꼈던 것이죠. 그녀의 실제 경기는 1만 번이나 반복했던 동작을 되풀이하는 데 지나지 않았던 것입니다. 그해에 올림픽 역사상 미국 선수로서는 처음으로 체조 개인 종합 우승을 차지한 그녀의 이름은 메리 루 레턴입니다.

당신의 목표는 무엇입니까? 당신의 내면을 조금만 더 깊게 들여다보면 당신이 이루고 싶은 목표를 발견할 수 있을 겁니다. 그것은 당신 인생의 꿈과도 연결됨니다. 왜 성공한 사람들은 공통적으로 최악의 시련이 최고의 기회라고 말할까요? 모든 문제에는 해결 방법이 존재하기 때문입니다. 그리고 그 문제 해결의 시작은 '목표 설정'에서 출발합니다. 지금보다 더 나빠질 상황이 없을 만큼 힘들다 할지라도 당신의 꿈을 절대 포기하지 마십시오. 당신이 뭔가를 이룰 수 있다고 믿기만 한다면, 절대 포기하지 않는다면 당신은 반드시 그것을 이룰 수 있습니다.

미래는 내가 선택한 대로 펼쳐진다

종이에 뭔가를 적는다는 것 자체가 지금과 같은 SNS 시대와는 걸맞지 않게 느껴질지도 모릅니다. 그러나 아날로그가 더 힘이 셀 때도 많습니다. 종이에 목표 목록을 적기만 해도 쓸데없는 곳에 나의 시간을 허비하는 행동을 하지 않게 됩니다.

목표를 적는다는 것은 지금까지 단단하게 굳어 있던 잠재의식이란 녀석에게 조각하듯 새로운 정보를 새겨 넣는 것입니다. 그렇게 함으로써 잠재의식이 새로운 모양으로 변하는 거죠. 목표가 명확한 사람일수록 능력 발휘를 할 확률이 높습니다. 회사원이든 운동선수든 회사나 어떤 집단이든 마찬가지입니다. 소매점에서 시작해서 유니클로를 업계 1위로 만든 야나이 다다시 사장은 자신의 성장 동력에 대해서 이렇게 밝혔습니다.

"사람은 안정을 추구하게 되면 성장이 멈추기 때문에 목표를 높게 설정하는 것이 무엇보다 중요합니다. 도저히 불가능할 것 같은 목표도 치밀하게 계획을 세우고 실행의 보폭을 확인하고, 계속해서 수정해가다 보면 대개는 잘 풀립니다."[29]

일본 최고 부자라는 사람의 성공 비결치고는 너무나 단순하다는 생각이 드시나요? 하지만 그는 결코 목표를 이뤄나가는 과정이 쉬운 일이라고 말하지 않았습니다. 치밀하게 계획을 세우고 꾸준히 실행 방법을 수정해나가라고 조언한 것이지요. 당신이 현재 하고 있는 일의 업계 1위가 되고 싶다면, 혹은 당신만의 확실한 목표를 설정했다면 실행의 우선순위를 정해서 매일 점검하고 입밖으로 소리 내어 말해보세요.

하루 1번 목표를 말하는 습관

사이토 히토리는 일본에서 10년 연속 전국 고액 납세자로 일본의 최고 부자 중 한 사람입니다. 그는 매출을 올리고 싶을 때 목표를 소리 내서 말하고 구체적인 계획에 따라 실행한다고 합니다. 이런 방법을 실천하지 못하는 이들에게 그는 이렇게 말했습니다.

"사람들이 이 방법을 실천에 옮기지 못하는 것은 구체적인 목표를 정하지 않았기 때문입니다."[30]

만약 당신이 스스로를 의심하지 않고, 목표를 분명히 세운다면 머지않아 당신도 분명 성공할 겁니다. "내가 하는 일이 그렇지 뭐", "내 주제에 성공은 무슨!"과 같은 사고방식대로, 습관과 관성대로만 살아간다면 아무것도 변하지 않습니다. 이것은 그저 지금처럼 만족할 수 없는 현실에 불평하면서 평생을 살아야 한다는 말과 같습니다. 무엇을 선택하든 미래는 당신이 선택한 대로 펼쳐질 것입니다.

자기 확신에서 모든 에너지가 분출한다

**목표 쓰기는 나 자신을
설득하는 과정**

미국 본토에서 하와이까지 가는 비행기는 90퍼센트 정도 항로를 이탈한다고 합니다. 하지만 걱정할 것은 없습니다. 하와이라는 목적지가 분명하기 때문에 언제나 방향을 조정해 다시 제 궤도로 진입하기 때문입니다. 그리고 좁은 활주로에 정확히 착륙합니다. 만약 비행기의 목적지가 불분명하고 목표가 뚜렷하지 않다면 어떻게 될까요? 대형 사고가 날 것이 뻔합니다. 우리의 인생이라고 무엇이 다를까요? 목표를 종이에 적는다는 것은 자기 자신을 설득하는 과정이자 다짐입니다. 당신은 정확한 목표를 갖고 있는 사람인가요, 그렇지 않은가요? 만약 목표를 적는 행위 자체에 반감이 든다면 그 심리 상태는 대부분 이러합니다.

1. 실천해보지도 않고 무의미하다고 생각한다.
2. 긍정하기보다는 부정하는 습관에 익숙해져 있다.
3. 내일부터 다시 시작하면 된다고 생각한다.
4. 하루에 습득하는 정보가 너무 다양하고 많다고 생각한다.
5. 노력 없이 성공하기를 바란다.

당신도 혹시 이런 생각에 빠져 있지는 않나요? 당장 해야 할 일을 미뤄두고 친구들과 술 한잔을 기울이며 불평불만을 늘어놓는 사람, 내일부터 실행에 옮기겠다고 큰소리치고 나서 또다시 허무한 일상으로 돌아가는 사람, 할 수 없었던 일들 때문에 늘 답답하고 불안한 사람은 아니었나요?

만약 당신이 이런 상황을 자주 반복하고 있다면 자

신에게 목표 목록이 있는지 점검해보세요. 아마도 없을 것입니다. 그렇다면 하고 싶은 일들을 막연하게 머릿속으로만 생각하지 말고 당장 종이에 적어보세요. 하고 싶은 일들, 즉 해야 할 일들과 하지 말아야 할 일들을 구분해서 적어보세요. 하지 말아야 할 일들을 하게 되면 해야 할 일들을 할 수 없게 된다는 걸 알아야 합니다. 그러면 목표 달성도 할 수 없다는 걸 자각해야 합니다. 그럼에도 불구하고 하지 말아야 하는 걸 계속하는 것은 이 사회의 문제도, 지구의 문제도, 우주의 문제도 아닙니다. 오로지 당신의 의지가 문제일 뿐입니다.

이렇게 한번 상상해보세요. 당신에게 현재 시점에서 과거로 여행할 수 있는 기회가 딱 한 번 주어졌습니다. 그러나 그곳이 어디가 될지는 아무도 모릅니다. 과거 여행을 통해 어딘지 모르는 곳에 도착해보니 낡은 차고 안에 있습니다. 그런데 당신 옆에는 젊은 남자가 무언가 골똘히 생각에 잠겨 있습니다. 그의 얼굴을 보자마자 당신은 소스라치게 놀랍니다. 왜냐하면 그는 바로 스티브 잡스였기 때문입니다. 당신은 조심스럽게 다가가 그에게 이렇게 묻습니다.

하루 1번 목표를 말하는 습관

"뭐 하고 계세요?"

그러자 그가 답합니다.

"저는 사람들을 놀라게 해줄 새로운 컴퓨터를 만들 겁니다."

당신은 확신을 넘어 반짝이는 눈으로 이렇게 대답합니다.

"맞습니다! 전 세계 사람들을 놀라게 하죠! 저는 알고 있습니다!"

잡스는 웃음을 지어 보이며 말합니다.

"고맙군요. 그렇다면 저한테 투자 좀 하시겠습니까?"

만약 이러한 상황이라면 당신은 어떻게 하겠습니까? 스티브 잡스에게 투자만 하면 백만장자를 넘어 천만장자, 억만장자가 될 수 있다는 걸 알고 있다면 말입니다. 갑자기 가슴이 뛰고 저 가슴속 깊은 곳에서 용암처럼 들끓는 에너지가 느껴지지 않습니까? 그러나 아쉽게도 그 순간 다시 현실의 세계로 돌아왔습니다. 실망할 필요는 없습니다. 내 안에 나도 모르는 엄청난 에너지가 내재되어 있다는 걸 알게 되었으니 말입니다.

이 에너지는 다른 곳에서 숨어 있다 나타난 것이 아닙니다. 언제나 우리 안에 존재하고 있었던 거지요. 그렇다면 이 에너지는 어떻게 끄집어낼 수 있을까요? 그것은 바로 자기 확신에서 오는 것입니다. 내가 설정한 목표를 달성할 수 있다는 자기 확신. 그것이 확고하다면 당신은 이미 성공한 것이나 다름없습니다.

성공은 자기 확신에서 출발한다

공장에서 일하는 말단 노동자였지만 언젠가는 만화가가 되려고 마음먹은 한 남자가 있었습니다. 그는 자신의 목표를 종이에 적을 뿐 아니라 다음과 같은 생활 원칙을 정해서 실천했습니다.

1. 매일 15번씩 자신의 목표를 종이에 적는다.
2. 목표가 이루어질 때까지 목표 쓰기를 멈추지 않는다.
3. 작은 목표를 이루면 그와 동시에 더 큰 목표를 적는다.

처음에 그는 종이에 이렇게 적기 시작했습니다.

하루 1번 목표를 말하는 습관

'나는 신문에 만화를 연재하는 유명한 만화가가 될 것이다!'

처음에는 낙서로 시작했지만 5번, 10번, 15번을 반복해서 쓰면서 자신도 모르게 가슴이 뜨거워지는 것을 느꼈습니다. 그 당시 그는 수많은 신문사에 만화 원고를 투고했지만 꾸준히 거절의 답변을 받고 있었습니다. 하지만 반복적으로 목표를 적으면서 자기 확신을 키워나갔던 겁니다. 그리고 결국에는 한 신문사와 만화 연재 계약을 맺게 됩니다. 자신의 첫 번째 목표를 이루게 된 순간이었습니다. 그러자 그는 즉시 '나는 세계 최고의 만화가가 되겠다!'라고 목표를 수정해서 15번씩 적기 시작했습니다. 종이에 목표를 적는 것이 꿈을 이루는 가장 확실하고 강력한 성공 비법이라는 것을 직접 경험했기 때문입니다. 그의 두 번째 목표는 과연 이루어졌을까요?

그의 만화 '딜버트Dilbert'는 최근 30년간 신문에 연재된 만화들 중 최고 인기작으로 꼽혔고, 전 세계 65개국에서 25개 언어로 2000여 개의 신문에 연재되는 인기를 누렸습니다. 그 만화가의 이름은 너무도 유명한 스콧 애덤스입니다.

**입밖으로 소리 내어
외치는 것**
　　　　　　　당신은 혹시 지금까지 학원에 다
니거나 강연을 들을 때 남들보다 먼저 열정적으로 맨
앞자리를 차지하기 위해 서두르는 사람이었습니까,
아니면 낯선 환경에 적응하기 어려워 맨 뒷자리를 골
라서 앉는 사람입니까? 미국 국립노화연구소가 세계
50개국을 조사한 자료에는 '한국은 상당히 내향적인
특성을 보이는 나라'라는 내용이 있다고 합니다. 저 역
시 내성적인 성격이지만 자기계발 도서와 성공학 강연
을 꾸준히 듣고 사고방식이 많이 바뀌게 되었습니다.
그래서일까요? 성공학 강연과 자기계발서의 천국이라
불리는 미국인의 경우에는 일반적으로 외향적인 국민
성이 강하다고 합니다.

　그런데 너무나 내성적인 어떤 미국인 남자가 있었습
니다. 그는 광고를 따내는 영업 사원이었습니다. 주변
사람들은 소심한 그의 성격과는 맞지 않는 직업이라며

비아냥거렸습니다. 그도 그럴 것이 사람들과 인사하는 것조차 쑥스러워하는 사람이 어떻게 영업 업무를 잘 해낼 거라고 생각하겠습니까?

그런데 어느 날 그는 '자기 확신'에 대한 강연을 듣고 인생의 큰 전환점을 맞이합니다. 그는 새로운 삶을 살기로 굳게 다짐했습니다. 자신감 넘치며 적극적인 자세로 인생을 살겠다는 동기부여를 제대로 받은 거죠. 그의 눈빛은 잘할 수 있다는 확신으로 가득 찼습니다. 그는 우선 새롭게 영업을 시작할 명단을 작성하기 시작했습니다. 적고 나니 총 열두 명이었습니다. 그러나 그 명단을 본 동료들의 반응은 당혹스럽다 못해 황당했습니다. 그가 적은 열두 명의 명단은 베테랑 광고 영업 사원들조차 계약을 따내지 못했던 사람들이었기 때문입니다. 동료들은 그에게 이렇게 말했습니다.

"이봐! 당신 제정신이야?"

"저 친구 머리가 이상해진 거 아닐까?"

"쯧쯧. 한심하군, 한심해!"

이런 반응을 뒤로한 채 그는 홀로 도심의 공원에 가서 열두 명의 이름이 적힌 종이를 꺼내더니 이렇게 외

첫습니다. 그것도 100번이 넘게 외쳤습니다.

"당신은 이 달이 끝나기 전에 우리 신문에 광고를 실을 것입니다!"

아마도 그는 '자기 확신' 강연에서 이런 방법을 배웠을 겁니다. 아무리 강연을 감명 깊게 들었다고 해도 이렇게 바로 실행으로 옮기는 경우가 얼마나 될까요? 하지만 이 남자는 한 치의 의심도 없이 배운 대로 실천했습니다. 결과는 어떻게 되었을까요? 그는 까다롭기로 소문난 열두 명의 광고주와 모두 계약했고, 그 이후로도 꾸준히 승승장구했다고 합니다.

자기 확신이 있는가, 없는가
그것이 문제로다

목표를 적는다는 것은 무언가 거창한 일을 하는 것이 아닙니다. 당신이 생각만 해도 짜릿하고 가슴 떨리는 목표를 적은 뒤 즐거운 마음으로 달성 가능한 실행 계획을 세우는 것입니다. 그렇게 목표를 큰 목소리로 읽고 시각화하면 반드시 현실이 된다는 자기 확신을 갖는 것입니다. 그래야만 성공할 수 있는 아이디어와 행동을 이끌어낼 수 있으며, 그것을 바탕으로 실행하고 증명해내게 됩니다. 예를 들어 작가라는 목표가 생겼다면, '1년 뒤 출간'이라는 목표를 정하고 마감 기한 안에 탈고해야 한다는 세부 목표까지 세우세요. 그러면 매달 집필해야 할 원고량이 정해집니다. 날마다 써야 할 원고량도 산출됩니다. 그렇게 하면 실천하기가 훨씬 수월해지겠지요.

경쟁에서 이기기 위해 기업에서 가장 먼저 하는 것이 무엇일까요? 바로 자신들에게 유리한 전략을 짜는 겁니다. 승리를 쟁취하기 위한 동서고금의 진리죠. 그렇다면 개인의 성공 전략에는 무엇이 필요할까요? 1900년 미국에는 1000명의 백만장자가 있었지만 2000년에는 그 수가 500만 명을 넘어섰습니다. 놀라운 사실은 무일푼으로 시작해 그만큼의 부를 축적했다는 것입니다. 이들 중에는 교육을 제대로 받지 못했거나, 미국 도착 당시 영어도 제대로 못하고 특별한 기술도 없는 이민자들도 포함되어 있었습니다. 브라이언 트레이시는 백만장자들을 오랫동안 인터뷰하며 이와 같은 결론을 내렸습니다.

'그들에게는 모두 100만 달러짜리 습관(전략)이 있었다.'

그가 말한 100만 달러짜리 습관(전략)은 목표를 쓰고 매일 목표를 점검하는 것이었습니다. 그는 자세하게 이렇게 말했습니다.

'단지 한 번 목표를 쓰는 단순한 행동이 당신의 잠재의식 속에 목표를 입력하고 당신의 초월적 자의식을 활성화한다. 매일 쓰고 또 쓰면 점점 강력해진다. 매일 당신의 목표를 쓰면 한 번 쓸 때보다 10배, 20배, 50배, 때로는 100배의 효과가 발생한다.'[31]

수많은 자기계발 도서에서 목표를 '구체화'하라고 말합니다. 저 역시 그렇습니다. 실제로 목표를 구체화하지 않으면 신기루처럼 사라져버리고 맙니다. 많은 사람들이 성공을 원하지만 짙은 안갯속에서 한 발도 내딛지 못하고 포기하는 이유가 뭘까요? 그것은 바로 목표를 구체화하지 않았기 때문입니다. 구체화되지 못한 목표는 실패에 대한 두려움을 심어줍니다. 두려움은 무능력함과 무기력으로 이어집니다.

당신이 만약 지금까지 성공은 아무나 하는 게 아니

하루 1번 목표를 말하는 습관

라는 생각, 즉 성공에 두려움을 갖고 있었다면 잘 한번 생각해보세요. 어떤 목표를 달성하기 위해 구체적인 계획을 세웠는지를, 남들과 다른 노력으로 실행한 적이 있었는지를 말입니다. 성공한 이들의 발자취를 따라가 보면 막연한 꿈만 가지고 무턱대고 실행한 사람들은 거의 없습니다. 얼핏 보기에는 막연한 도전 같아 보여도 조목조목 뜯어보면 그들이 얼마나 치밀하고 계획적으로 하루하루를 살아가는지 놀라울 따름입니다. 당신은 그것을 배워야 합니다. 그래야만 계획한 목표를 달성할 수 있습니다.

그것을 증명해낼 행동은 구체적인 목록을 적어 실행하는 것에서부터 출발합니다. 연습장이나 편하게 가지고 다니는 휴대폰 메모장에 해야 할 일들의 목록을 적고 그것들의 우선순위를 매겨 매일 최우선 순위에 올라 있는 계획을 실행하는 것입니다. 그 우선순위의 첫 번째 목록은 당신이 최소한의 에너지로 이룰 수 있는 가장 간단한 목표로 정하고 성취감을 느껴보십시오. 당신이 원하는 것이 만약 사업이라면 해당 사업을 준비해서 시작하기까지의 행동 계획 리스트를 만들어 가장 먼저 실행해서 증명할 수 있는 것들을 구체적으로 목록화하라는 뜻입니다.

인생이 막연하다고 생각하거나 아무리 생각해도 성공과는 거리가 멀다고 느끼는 사람일수록 목표를 종이 위에 적는 것을 귀찮아하면 안 됩니다. 누구보다 열정적으로 목표를 적는 습관을 길러야 합니다. 제가 직접 경험했기에 이렇게 자신 있게 말할 수 있습니다. 그러니 당신의 목표가 실제 현실이 된 것처럼 가슴이 떨릴 때까지 적어보세요. 그러면 머지않아 당신도 저처럼 상상이 현실이 되는 것을 경험하게 될 것입니다.

하루 1번 목표를 말하는 습관

어떻게 하면 자기 확신을 가질 수 있죠?

반복된 패턴에서 벗어나는 용기

누구나 무의식 속에 잠재된 힘이 있지만 그것을 마음대로 쓰지는 못합니다. 어떠한 동기에 의해 스스로 끄집어내는 것입니다. 그것이 바로 자기 확신의 힘이라 앞서 말한 바 있습니다. 그렇다면 자기 확신이라는 동기는 어디서부터 형성될까요? 당연히 당신의 마음입니다. 당신이 간절하게 바라는 그 마음에서 잠자던 잠재의식이 기지개를 켜고 일어나기 시작합니다. 당신이 성공하겠다며 수없이 다짐했던 그

마음 말입니다. 그럼 수없이 다짐했음에도 불구하고 당신이 이 잠재된 힘을 꺼내 쓰지 못한 이유는 무엇일까요?

많은 이유가 있을 수 있겠지만 저는 그중에서도 믿음을 실천하는 가장 중요한 핵심인 행동의 부재라고 감히 단언하고 싶습니다. 잠들어 있던 힘을 깨워 에너지를 발산하기 위해서는 반드시 행동이 필요하기 때문입니다.

생각해보십시오. 누구나 다 절실한 심정으로 하고 싶은 일을 꿈꿉니다. 그런데 약속이라도 한 듯, 다들 평범하게 행동하면서도 성공하기를 바랍니다. 그러나 평범함은 그저 평범한 삶을 제공할 뿐입니다. 그러니 그 시간들이 반복되면서 "내 주제에 꿈은 무슨!"이라고 스스로를 불신하게 되는 겁니다. 당신이 지금까지 원하던 삶을 살지 못한 이유는 당신이 그러한 반복된 패턴에서 조금도 벗어나지 못했기 때문입니다. 만약 당신이 비범하게 살아보기로 결심했다면, 그래서 반드시 성공해야겠다면 성공 습관의 가장 기본부터 익혀야 합니다.

그 기본은 수첩과 메모지, 휴대폰 등에 목표를 적어 수시로 확인하며 늘 함께하는 것입니다. 그런 순간들이 지속되면 내가 설정한 목표에 성큼 다가설 수 있는 아이디어가 떠오르기도 하고 기회가 제 발로 찾아오기도 합니다.

뚜렷한 목표 목록을 갖고 있는 사람이 성공할 확률이 높다는 것은 이미 수많은 조사 결과에 나와 있는 사실이기도 합니다(1953년 예일 대학교는 졸업생들을 대상으로 설문 조사를 실시했습니다. 목표 목록을 가진 학생은 3퍼센트에 그쳤습니다. 그러나 20년이 흐른 1973년 놀라운 결과가 일어났습니다. 목표 목록을 갖고 있던 3퍼센트 학생들의 재산이 나머지 97퍼센트의 학생들 모두의 재산을 합친 것보다 많았기 때문입니다).

나의 단점 체크 리스트

스물두 살 때 메이크업 아티스트가 되겠다는 꿈을 가진 여성이 있었습니다. 한국의 대표 메이크업 아티스트가 되겠다고 결심한 그녀는 자신의 목표를 메모지에 옮겨 적었습니다. 아시다시피 유명 연예인의 얼굴을 더욱 빛나게 만들어주는 것이 메이크업 아티스트란 직업의 주 업무죠. 그런데 경험도, 경력도, 그렇다고 유학을 다녀온 적도 없는 그녀에게 어떤 연예인이 얼굴을 맡겼을까요. 처음에 그녀는 간신히 약속을 잡아도 서너 시간을 기다리다 바람을 맞는 경우가 더 많았습니다. 그런데 놀랍게도 그녀는 훗날 수많은 메이크업 숍과 아카데미를 운영하며 메이크업 아티스트계의 최정상에 올랐습니다. 그녀의 이름은 정샘물입니다. 도대체 그녀에게 어떤 일이 있었길래 이런 일이 가능했을까요?

그녀 역시 목표가 뚜렷한 사람이었습니다. 그녀는 종이에 적은 목표를 이루기 위해서는 자신의 단점들을 고쳐야 한다고 생각했습니다. 그래서 종이에 단점을 하나하나 적으면서 고쳐나가기로 마음먹었습니다. 특별난 것 하나 없는 자신을 합리화하거나 자기 연민에 빠지지 않고 더욱 냉정하게 평가하기 위해서였습니다.

하지만 막상 단점들을 적다 보니 너무 많았습니다. 스무 가지가 넘는 단점들은 20년 넘게 습관이 되어버

하루 1번 목표를 말하는 습관

린 것들이었습니다. 그러나 이것을 보완하거나 고쳐나가지 않으면 대한민국에서 메이크업 아티스트로서 성공할 수 없다는 생각이 들었습니다. 그녀는 단점을 장점으로 바꾸기 위해 무려 4년이란 시간 동안 끊임없이 노력했고 스스로 변해가고 있다는 걸 감지했습니다.

여기서 짚고 넘어가야 하는 부분이 있습니다. 그녀가 자신의 목표는 물론이고, 고쳐야 할 단점 목록을 종이에 적었다는 것입니다. 평범한 사람들은 자신의 단점을 알려고도 하지 않습니다. 의도적으로 단점 목록을 적어서 고치기 위해 노력하는 사람이 세상에 얼마나 있을까요? 그러니 만약 당신이 그렇게 한다면 평범한 사람들과는 얼마나 달라질까요?

제가 10년 넘게 피우던 담배를 끊을 수 있었던 것도 이와 같은 방법에서 나온 것입니다. 담배를 피울 때마다 '끊어야 하는데'라고 생각만 하는 사람과 매 순간 끊어야 하는 분명한 목적의식을 눈으로 확인하는 사람, 둘 중에 누가 금연에 성공하겠습니까? 너무나 당연한 결과인 것입니다. 그렇다면 좀 더 넓은 의미로 한번 바라보죠. 자신이 해야 할 일이 무엇인지조차 모르고 그저 닥치는 대로 행동하는 사람과 분명한 목적의식으로 자신이 해야 할 리스트를 가지고 행동하는 사람. 당신이 보기에는 누가 성공할 것 같습니까? 아니, 누가 반드시 성공해야만 하는 사람이라고 생각하십니까?

**목표를 패스워드로
만들어라**
매일같이 목표를 쓰고 외치는 것만으로는 부족했는지 아예 이메일 패스워드를 '300개 매장에주간매출백만불'이라고 정해서 썼던 사람도 있었습니다.

그는 하루에도 몇 번씩 목표를 반복해서 머릿속에 각인하는 일의 중요성을 잘 알고 있었습니다. 자신도 이미 그런 방법으로 목표를 이루었기 때문입니다. 그렇기 때문에 메일을 열 때마다 다시 한 번 목표를 되새김질할 수 있도록 한 거죠. 창고 규모에서 시작한 그의 도시락 사업은 버지니아, 노스캐롤라이나, 사우스캐롤라이나, 웨스트버지니아, 유타, 애리조나, 오하이오, 캘리포니아, 콜로라도 등에까지 확장했고 미국 내 업계

하루 1번 목표를 말하는 습관

나의 단점 체크 리스트의 예

☐ 나는 '금사빠'이다.
→ 한 가지 일을 날마다 꾸준히 하는 연습을 한다.

☐ 선배, 사장님, 거래처 미팅 때 나도 모르게 막말을 하는
   경향이 있다.
→ 막말을 할 때마다 노트에 기록하여 나를 성찰해본다.

☐ 나는 분노가 너무 많다.
→ 싫어하는 것에 신경을 끊고, 좋아하는 것에만 에너지를
   집중해본다.

☐ 나는 남의 뒷담화를 많이 한다.
→ 최대한 술자리에 참석하지 않고, 화제를 내 이야기로 돌린다.

☐ 나는 타인의 장점보다 단점이 먼저 보여서 자꾸 지적질을
   하게 된다.
→ 외모, 능력에 대한 지적질을 하지 않고 딱 일주일만 버텨본다.

1위를 넘볼 정도의 초대형 회사로 발전했습니다.

그는 지금 다시 연간 1조 원 매출을 목표로 날마다 '목표 쓰기'를 하고 있다고 합니다. 이 습관의 힘으로 그는 〈포브스〉가 선정한 400대 부자 리스트 진입을 꿈꿀 정도로 성공한 겁니다. 그의 이름은 김승호. 우리에게는 『김밥 파는 CEO』라는 책으로 잘 알려져 있습니다.

편견을 버리고 성공한 이들의 순수한 조언을 들어보세요. 김승호 대표 또한 목표 적기의 힘을 믿지 못하는 많은 사람들에게, 그리고 당신에게 진심을 담아 이렇게 말하고 있습니다.

'눈에 보이는 목표의 힘이 얼마나 큰지를 경험하지 못한 사람들에게 얼마나 더 꾸준히 이 말을 계속해야 하는지 답답합니다.'[32]

날마다 습관적으로 너무나 힘들어서 못 살겠다고 말하는 사람에게서 반짝이는 아이디어가 나올 수 있을까요? 하루하루 버텨내는 사람과 나날이 창의적인 아이디어가 샘솟는 사람. 얼핏 생각하면 능력의 차이 같지만 잘 들여다보면 목표의 유무에서 갈립니다. 우리

하루 1번 목표를 말하는 습관

는 이 사실을 잘 알고 있으면서도 순수하게 받아들이지 않습니다. 만약 아직도 망설이며 미덥지 않은 자세로 이 책을 읽고 있다면 김승호 대표는 마지막으로 당신에게 이런 말을 할지도 모릅니다.

"성공하고 싶습니까? 그 말이 진심이라면 제 말을 믿으세요!"

하루 1번, 목표를 말하는 의식

오래전 공무원 시험 합격 후기라며 올라온 한 기사를 읽은 적이 있습니다. 1년 만에 자신이 선택한 공무원 시험에 합격해 자신의 합격 노하우를 알려주는 이야기였죠. 그는 가장 먼저 한 것이 목표를 설정하는 거라고 말했습니다. 그리고 그 목표를 독서실 벽에 붙여두고 항상 합격한 자신의 모습을 떠올렸다고 말했죠. 눈앞에 적힌 목표를 보고 있자니 오히려 수험 생활이 길어질수록 합격에 대한 갈망이 커졌다고 말했는데 당시 독서실 벽에는 이렇게 써서 붙여두었다고 합니다.

'지금은 수험생의 모습으로 이곳에 왔지만, 반드시 합격생이라는 타이틀을 걸고 자신 있게 이곳에 다시 올 것이다!'

이 책을 집필하기 위해 1년이 넘는 시간 동안 자료 조사를 하면서 종이에 목표를 적어 효과를 입증한 사례가 놀라울 정도로 많다는 것을 알게 되었습니다. 특히 공부하는 학생들이 목표를 종이에 적어 시험에 합격했다거나 최우수 성적을 받았다는 기사와 사례들이 많았습니다. 운동선수, 배우, 가수 등 그 밖의 다양한 사례들 역시 많았습니다. 여기 그중 대표적인 사례를 소개해봅니다.

2016년 12월, 한 잡지 인터뷰에서 가수 겸 배우인 유이 씨는 이렇게 말했습니다.

"저는 매년 핸드폰 안에 목표를 적습니다. 내년에는 두 가지를 더 적을 것 같습니다. 아프지 말기, 그리고 영화 해보기. 아주 작게 카메오나 단역부터라도 시작할 수 있으면 좋겠습니다."

또 배우 권혁수 씨는 인지도가 크지 않았던 상태였음에도 불구하고 대한민국 최고의 예능 프로그램에 나와 이렇게 말했습니다.

"스케줄이 잡히지도 않았는데, 이 프로그램에 출연하겠다고 적어놨어요. 그랬더니 이루어졌습니다. 쓰면 이루어집니다."

두산의 야구 선수 김재호는 3할 타율, 골든글러브 수상, 팀 우승, 국가 대표 등을 자신의 목표 목록에 적었습니다. 그리고 지난해 그는 이 목표를 전부 이뤘습니다. 3할 타율에 이어 골든글러브까지 수상했고, 팀은 한국시리즈 우승을 차지했기 때문입니다. 이후 국가 대표에 뽑혀 프리미어 12에 출전하기도 했습니다. 그는 이렇게 말합니다.

"사람이 목표가 없으면 안 됩니다. 늘 목표가 있어야 합니다."

일본 야구의 기대주 오타니 쇼헤이는 고등학생 때 8개 구단 스카우트 1순위가 되겠다는 목표를 적었습니다. 그의 꿈은 목표를 세운 지 2년 만에 이루어졌습니다. 고교 졸업을 앞두고 일본 국내 구단을 포함해 메이저리그 구단의 스카우트 공세까지 받았기 때문입니다.

축구 선수로서 큰 두각을 나타내지 못했던 양동현

선수의 경우를 볼까요? 그의 집 안방에는 커다란 화이트보드가 하나 있다고 합니다. 그리고 그곳에 매 시즌을 앞두고 항상 자신이 이루고 싶은 목표를 적는다고 합니다. 대부분이 득점 목표였습니다. 그 이후 그는 포항스틸러스 최고의 골잡이가 되었습니다.

흥국생명의 배구 선수 이재영은 2014~2015시즌 전체 1순위로 V-리그에 등장해 폭발적인 공격으로 '센세이션'을 일으켰습니다. 시즌 성적은 498득점을 기록, 득점 부문에선 국내 선수들 중 1위였습니다. 이재영은 자신의 방 벽에 목표를 적어두고 언제나 스스로를 채찍질하고 있다고 밝혔습니다.

전 테니스 국가 대표였던 박성희 소장은 한 인터뷰에서 후배들에게 조언해달라는 기자의 질문에 이렇게 답했습니다.

"선수 자신의 페이스대로 목표를 향해 달려가고 언젠가 목표에 도달한다는 확신이 있으면 험난한 프로 무대에서 살아남고 견딜 수 있습니다. 그러니 3개월마다 한 차례씩 목표를 스스로 확인하고 들여다보는 것이 좋습니다."

이렇게 많은 사람들이 목표 적기를 통해 자신의 꿈을 이뤘습니다. 만약 당신이 반드시 시험에 합격해야 하는 수험생이라면, 프로 운동선수를 꿈꾸는 사람이라면, 멋진 무대에서 노래하는 가수가 되고 싶다면, 절실하게 하고 싶은 뭔가가 있다면 당신의 목표를 적어 집 안에서 가장 잘 보이는 벽에 붙여보세요. 그리고 하루를 시작하기 전 당신만의 의식을 치르듯이 소리 내어 목표를 말해보세요. 그렇게만 한다면 과연 10년 뒤 당신의 모습은 어떻게 변할까요?

하루 1번 목표를 말하는 습관

서른 중반이 된 저를 보고는 아직까지도 "강아지!"라고 부르시는, 언제나 따뜻한 햇살 같은 존재의 어머니와 가족들에게 감사드립니다.

이 책을 집필하는 도중 태어난 아들 준서, 그리고 육아로 많이 지치고 힘든 상태에서도 끊임없이 남편을 응원하고 지지해준 아내에게 사랑하고 감사하단 말을 전합니다.

또한 동양북스 식구들에게 깊은 감사를 드리며, 특히 원고의 가치를 누구보다 먼저 알아봐주시고 책이 출간되기까지 열과 성을 다해준 박지호 팀장님께 깊이 감사드립니다.

이 책에 사례로 등장하는 사람들의 이야기는 이미 매스컴을 통해 널리 알려진 것이기에 실명을 그대로 사용했습니다. 마지막으로 이 책을 쓸 수 있도록 원동력이 되어준 그분들께 깊은 감사의 말씀을 드리고 싶습니다. 감사합니다.

참고 도서

* 다음 참고 도서를 기반으로 사례 인용을 하였으며, 책 전체를 참고한 경우에는 페이지를 기재하지 않았습니다.

1   『폴 마이어의 아름다운 도전』, 폴 J. 마이어, 안인식 역, 책이있는마을, 38쪽

2   『백만불짜리 습관』, 브라이언 트레이시, 서사봉 역, 용오름, 21쪽

3   『가슴 뛰는 삶』, 강헌구, 쌤앤파커스, 108쪽

4   『부자가 되는 비결』, 데이브 램지, 서원희 역, 비전과리더십, 128쪽

5   『가슴 뛰는 삶』, 강헌구, 쌤앤파커스, 138쪽

6   『3개의 소원 100일의 기적』, 이시다 히사쓰구, 이수경 역, 김영사, 83~88쪽

7   『네 안에 잠든 거인을 깨워라』, 앤서니 라빈스, 조진형 역, 씨앗을뿌리는사람, 483쪽

8   『부의 법칙』, 캐서린 폰더, 남문희 역, 국일미디어, 50쪽

9   『샐러리치의 비밀』, 나카무라 가즈하루, 박재현 역, 신원문화사, 135쪽

10 『꿈을 실현하는 사람들의 15가지 성공 비결』, 스티븐 스콧, 김명렬 역, 비즈니스북스, 96쪽

11 『마덴 박사의 성공목표설정연습장』, 오리슨 마덴 재단, 오근영 역, 현실과미래, 12쪽

12 『네 안에 잠든 거인을 깨워라』, 앤서니 라빈스, 조진형 역, 씨앗을뿌리는사람, 462쪽

13 『마인드파워』, 존 키호, 최상수 역, 김영사, 55쪽

14 『메모』, 요네야마 기미히로, 이민영 역, 이스트북스, 20쪽

15 『두뇌를 깨우는 7가지 습관』, 하야시 나리유키, 고원진 역, 김영사, 71쪽

하루 1번 목표를 말하는 습관

16   『맑은 뇌』, 양회정, 북인, 78쪽

17   〈EBS 다큐프라임 : 인간의 두 얼굴〉 중 「상황의 힘」 편

18   『스위치』, 칩 히스, 댄 히스, 안진환 역, 웅진지식하우스, 320쪽

19   『누구에게나 최고의 하루가 있다』, 조 지라드, 김명철 역, 다산북스

20   『습관의 재발견』, 스티븐 기즈, 구세희 역, 비즈니스북스, 7쪽

21   『메모』, 요네야마 기미히로, 이민영 역, 이스트북스, 16쪽

22   blog:evernote/ko/노트 필기의 대가

23   『12억짜리 냅킨 한 장』, 김영세, 중앙M&B, 19쪽

24   『습관의 힘』, 찰스 두히그, 강주헌 역, 갤리온, 150쪽

25   『스위치』, 칩 히스, 댄 히스, 안진환 역, 웅진지식하우스, 236~237쪽

26   『미래기억』, 이케다 타카마사, 이동욱 역, 국일미디어, 34쪽

27   『결과를 만들어 내는 노력의 기술』, 야마구치 마유, 김명선 역, 이보
     라이프, 17쪽

28   『꿈을 도둑맞은 사람들에게』, 잭 캔필드, 마크 빅터 한센, 김재홍 역,
     슬로디미디어, 33쪽

29   『1승 9패 유니클로처럼』, 김성호, 위즈덤하우스, 123쪽

30   『1퍼센트 부자의 법칙』, 사이토 히토리, 이정환 역, 한경비피, 146쪽

31   『백만불짜리 습관』, 브라이언 트레이시, 서사봉 역, 용오름, 113쪽

32   『생각의 비밀』, 김승호, 황금사자, 17쪽

1판 1쇄 인쇄 | 2017년 5월 15일
1판 1쇄 발행 | 2017년 5월 22일

지은이 | 김효성
발행인 | 김태웅
편집장 | 강석기
기획편집 | 박지호, 민혜진
디자인 | design PIN
마케팅 총괄 | 나재승
마케팅 | 서재욱, 김귀찬, 이종민, 오승수, 조경현
온라인 마케팅 | 김철영, 양윤모
제 작 | 현대순
총 무 | 한경숙, 안서현, 최여진, 강아담
관 리 | 김훈희, 이국희, 김승훈, 이규재

발행처 | (주)동양북스
등 록 | 제2014-000055호
주 소 | 서울시 마포구 동교로 22길 12 (04030)
전 화 | (02)337-1737
팩 스 | (02)334-6624

www.dongyangbooks.com
blog.naver.com/dymg98

ⓒ김효성, 2017

ISBN 979-11-5768-256-0 03190

이 도서의 국립중앙도서관 출판예정도서목록(CIP)은
서지정보유통지원시스템 홈페이지(http://seoji.nl.go.kr)와
국가자료공동목록시스템(http://www.nl.go.kr/kolisnet)에서 이용하실 수 있습니다.
(CIP제어번호:CIP2017009717)